高职高专汽车三融合新型教材

汽车故障诊断与维修 学习领域1

汽车维修接待、沟通与管理

主　编　林锡彬　蔡兴旺

副主编　吴启彬　廖显林

参　编　陈冠群　余飞燕　周锦宝

机械工业出版社

本书共 5 个任务，主要包括认识汽车售后服务、汽车维修接待服务流程、汽车维修服务沟通、汽车维修接待礼仪和汽车维修服务管理。全部案例来自企业，由企业一线技术骨干担任主编。

本书提供大量教学资源下载（含 PPT、微课视频、动画、学习工作页题解和教学文件等），通过扫描二维码链接教学资源，方便教师授课和学生课外学习。

本书可作为高职高专、普通高等院校及中专技校的汽车类专业学生教材，还可供 4S 店各级管理者及从业者阅读使用。

图书在版编目（CIP）数据

汽车维修接待、沟通与管理/林锡彬，蔡兴旺主编. —北京：机械工业出版社，2020. 8（2024. 1 重印）

高职高专汽车三融合新型教材　汽车故障诊断与维修

ISBN 978-7-111-65726-2

Ⅰ.①汽…　Ⅱ.①林…②蔡…　Ⅲ.①汽车维修业-商业服务-高等职业教育-教材　Ⅳ.①U472. 31

中国版本图书馆 CIP 数据核字（2020）第 090811 号

机械工业出版社（北京市百万庄大街 22 号　邮政编码 100037）

策划编辑：蓝伙金　危井振　责任编辑：蓝伙金　刘　静

责任校对：陈　越　　　　封面设计：鞠　杨

责任印制：常天培

北京中科印刷有限公司印刷

2024 年 1 月第 1 版第 4 次印刷

184mm×260mm · 10 印张 · 242 千字

标准书号：ISBN 978-7-111-65726-2

定价：35. 00 元（含工作页）

电话服务　　　　　　　　　　网络服务

客服电话：010-88361066　　机 工 官 网：www.cmpbook.com

　　　　　010-88379833　　机 工 官 博：weibo.com/cmp1952

　　　　　010-68326294　　金 书 网：www.golden-book.com

封底无防伪标均为盗版　　机工教育服务网：www.cmpedu.com

高职高专汽车三融合新型教材
编审委员会

主　　任： 刘越琪（广东交通职业技术学院）

副主任： 欧阳惠芳（广州汽车集团股份有限公司）

　　　　　贺　萍（深圳职业技术学院）

　　　　　毛　峰（东莞职业技术学院）

　　　　　蔡兴旺（韶关学院）

秘书长： 蓝伙金（机械工业出版社职业教育分社）

委　　员：（按姓氏拼音排序）

　　　　　曹晓光（广州科技职业技术大学）

　　　　　邓志君（深圳职业技术学院）

　　　　　黄　伟（广东机电职业技术学院）

　　　　　林锡彬（广汽传祺汽车销售有限公司）

　　　　　潘伟荣（广东交通职业技术学院）

　　　　　孙龙林（深圳职业技术学院）

　　　　　王玉彪（深圳风向标教育资源股份有限公司）

　　　　　王章杰（深圳风向标教育资源股份有限公司）

　　　　　王兆海（深圳职业技术学院）

　　　　　夏长明（广州城建职业学院）

　　　　　杨玉久（广州科技职业技术大学）

　　　　　周　燕（南京交通职业技术学院）

高职高专汽车三融合新型教材
编写委员会

主　任：蔡兴旺（韶关学院）
副主任：欧阳惠芳（广州汽车集团股份有限公司）
　　　　曹晓光（广州科技职业技术大学）
　　　　毛　峰（东莞职业技术学院）
　　　　潘伟荣（广东交通职业技术学院）
　　　　王兆海（深圳职业技术学院）
　　　　黄　伟（广东机电职业技术学院）
　　　　夏长明（广州城建职业学院）
　　　　王玉彪（深圳风向标教育资源股份有限公司）
委　员：（按姓氏拼音排序）
　　　　陈连云（广东交通职业技术学院）
　　　　邓志君（深圳职业技术学院）
　　　　郭海龙（广东交通职业技术学院）
　　　　林锡彬（广汽传祺汽车销售有限公司）
　　　　刘奕贯（南京交通职业技术学院）
　　　　欧阳思（广州汽车集团零部件有限公司）
　　　　邱今胜（深圳信息职业技术学院）
　　　　孙龙林（深圳职业技术学院）
　　　　王丽丽（广州汽车集团股份有限公司）
　　　　王庆坚（广东交通职业技术学院）
　　　　王章杰（深圳风向标教育资源股份有限公司）
　　　　谢少芳（广东交通职业技术学院）
　　　　许睿奇（广州汽车集团零部件有限公司）
　　　　杨庭霞（广州松田职业技术学院）
　　　　叶冰雪（华南理工大学）
　　　　张永栋（广东交通职业技术学院）
　　　　郑锦汤（广州华商职业学院）
　　　　周　逊（广州珠江职业技术学院）

序

为认真贯彻执行教育部《国家中长期教育改革和发展规划纲要（2010—2020）》《关于全面提高高等职业教育教学质量的若干意见》《教育部关于"十二五"职业教育教材建设的若干意见》和国家教材委员会等一系列文件精神，服务汽车产业升级需要，在市场调研和专家论证的基础上列出了"高职高专汽车三融合新型教材（学材）"选题21种，并组建一流的编写队伍，在一线行业专家和院校名师组成的编审委员会的指导下编写了本套教材。

一、编写的指导思想和原则

本套教材以高职"汽车检测与维修技术"专业为主，兼顾汽车运用技术、汽车电子技术等专业教学需要，包括汽车各专业诸多平台课（汽车企业文化，汽车机械识图，汽车机械基础，汽车电工电子技术基础等），核心专业课（汽车维修接待、沟通与管理，汽车维护，车载网络系统的故障诊断与维修，汽车发动机管理系统的故障诊断与维修，电动汽车与燃气汽车的故障诊断与维修等12门课程）和部分典型品牌汽车维修案例等大量教学资源。

1. 编写指导思想

以就业为导向，以岗位需求为核心，努力将职业素养、专业技能与企业文化深度融合（三融合），使学生在学习专业知识和技能的同时，接受职业素养和企业文化的熏陶，培养学生爱国爱岗、敬业守信、精益求精的人格和良好的素养。

2. 编写原则

以"必需、够用"为编写原则，一是以企业需求为基本依据，以培养职业素养、专业技能与企业文化深度融合为主线；二是兼顾行业升级需要和降低城市雾霾等环境保护的新要求，突出新能源汽车等新知识、新技术、新工艺和新方法；三是教材资源包括主教材和学习工作页，为教学组织提供较大的选择空间。

二、教材特色

从企业实际出发，以培养技术应用型技术人才为主，在总结多年教学经验和已有教材的基础上，充分吸取先进职教理念和方法，形成如下特点：

1. 吸收国内外先进职教经验，体现国内示范院校、骨干院校的最新教学成果

认真吸取了中德职业教育汽车机电合作项目（SGAVE）和国家示范性院校、骨干院校专业建设项目等近年来国内外的最新教学改革成果，认真总结借鉴了参加教材编写院校的许多成功经验，有效提升了教材的思想性、科学性和时代性。

2. 以"项目引领、任务驱动"为主线，实现"知行合一"

教材立足以客户要求和汽车维修过程为导向，以实际任务为驱动，实际职业要求为目标，模拟企业流程，从任务接受、任务接待、任务准备（含信息资料收集与学习、任务分析、维修计划制订、设备材料准备等）、任务实施（含故障检测、使用维修、安全环保、任务检查等）到任务交付的完整的行动过程。有些教材直接由企业（广州汽车集团股份有限

公司）主编（如《汽车企业文化》和《汽车维修接待、沟通与管理》）。结合国内保有量较大的汽车车型，按照学生认识规律，从感性到理性，由浅入深，将汽车的结构、原理、运用、维护、故障检测与维修有机融合，其间插入"学习工作页"，促进学、做结合，理论紧密联系实际，着力提高学生实践技能、综合素质和就业能力。

3. 内容上力求反映行业最新技术发展动态

为了尽可能满足行业升级需要，降低城市雾霾等环境保护的新要求，教材引入了车载网络系统、电控管理系统和新能源汽车等汽车新技术，突出汽车新知识、新技术、新工艺和新方法。

4. 体现中高职的有效衔接，避免重复或空白

本套教材从课程体系上既考虑普遍性又考虑针对性，以适应不同层次、不同起点的教学需要。

5. 教材形式活泼，教学资源丰富

教材适应高职学生的特点，除主教材外，还配以"学习工作页"和大量的教学资源（含PPT、微课视频、动画、学习工作页题解和教学文件等），方便教师授课和学生课外学习。

三、教材编写队伍

本系列教材由机械工业出版社，广东交通职业技术学院、深圳职业技术学院、南京交通职业技术学院等10多所职业院校和广州汽车集团股份有限公司、深圳风向标教育资源股份有限公司等组织编写，并成立了教材编审委员会和教材编写委员会。编写团队包括企业高管、企业专家、技术骨干和院校的院/校长、专业名师、学科带头人、骨干教师，结合优质院校、一流专业等建设项目，充分体现了"产教结合，校企合作"的开发特色，有利于教材反映最新的技术和最新的教学成果，为保证教材的质量和水平提供了丰富的资源支持。

教材编写大纲、体例和样章是保证高质量书稿的关键。在教材编审委员会的指导下，参考中德职业教育汽车机电合作项目（SGAVE）课程大纲要求，结合企业需要，列出选题计划，并统一教材编写的指导思想、原则和体例等。通过自荐或他荐方式，拟定了10多名教授领衔主编，并要求主编拟定各自负责的教材编写大纲、体例和样章。每一本教材编写大纲、体例和样章都经过3名专家主审，以便集思广益，许多教材大纲为了精益求精，几经修改，最后由蔡兴旺教授统稿，为保证教材的质量、水平奠定了良好基础。

"高职高专汽车三融合新型教材"编审委员会
"高职高专汽车三融合新型教材"编写委员会

出版说明

教材是教学过程的主要载体,加强教材建设是深化教学改革的有效途径,推进人才培养模式改革的重要条件,也是保障教学基本质量、培养高端技能型人才和技术应用型人才的重要基础。

1. 培养目标说明

从职业分析入手,对职业岗位进行能力分解(包括倾听客户抱怨、技术咨询、接修检测、专业工具和仪器设备操作、故障诊断、维修维护),确定高职汽车检测与维修专业的培养目标是,面向汽车"后市场",培养具有与本专业相适应的水平和良好的职业素养,掌握一定的专业理论知识,具备本专业的理论知识、实践技能以及较强的实际工作能力和经营管理能力,德、智、体、美等方面全面发展的高等技术应用型人才。

(1) 专业能力

1) 一般专业能力,即应用能力、汽车阅读能力、汽车驾驶能力。

2) 核心专业能力,即汽车拆装、检查、修理能力、汽车故障诊断能力、汽车性能检测能力、汽车维修企业管理能力。

(2) 方法能力

1) 能独立学习新知识、新技术。

2) 具有解决实际问题的思路。

3) 能独立制订工作计划并实施。

4) 能够查找资料与文献,以获得知识。

(3) 社会能力

1) 具有团队意识和相互协作精神。

2) 具有较强的沟通能力、人际交往能力。

3) 注重事故保护和工作安全。

4) 遵守职业道德。

5) 注意环境保护的意识。

2. 资源说明

本套教材围绕职业教育"教、学、做"3个服务维度开发。每本教材由课堂教材和学习工作页两部分组成。

本套教材在内容选材、编写、呈现方式等多方面加强精品化建设。本套教材采用双色印刷,同时配有教学课件、微视频/动画、习题答案等教学资源,为教、学、练、考提供了便利。

(1) 纸质教材 包括课堂教材和学习工作页,融"教、学、做"于一体。学习工作页大多采用通用设备和车型,以适应更多的学校使用。

(2) 教学课件 供教师上课、学生课前预习和课后复习使用,可以登录机械工业出版社教育服务网(www.cmpedu.com)注册下载。咨询邮箱 cmpgaozhi@sina.com。咨询电话

010-88379375。

（3）微视频/动画　对于课本中的部分重点、难点，以视频形式给予讲解，读者可以用手机或平板电脑扫描书中二维码链接观看。

机械工业出版社

前　言

2010 年以来，我国汽车年销量一直全球排名第一。汽车销售量的激增需要良好的汽车售后服务来保证。每一个汽车品牌、汽车维修企业要取得稳定的盈利，获得最终的成功，需要在销量、售后服务的长期利润、客户忠诚度 3 个方面取得成功。可见做好售后服务对于提高客户服务体验，提高客户忠诚度及品牌口碑，从而提高售后利润和销售利润的重要性。

目前我国不少汽车售后服务企业存在经营理念、服务理念落后，高素质人员匮乏，以及服务不规范等问题，已经给客户造成不良的服务体验，对企业声誉和口碑造成不良的影响，影响企业的发展与生存。此时急需相应的教材和教学同步跟上，提供适应现实需要的管理体系、理念，培养汽车售后高素质人才。本书正是适应社会和汽车行业的需要，组织相关企业、学校和专家，结合多年的实践基础和教学经验进行编写的。

本书根据教育部《关于全面提高高等职业教育教学质量的若干意见》《教育部关于"十二五"职业教育教材建设的若干意见》编写，紧密结合我国汽车维修企业的运营实际，立足以业务管理和业务技巧为导向，以实际任务为驱动，以实际职业要求为目标，模拟企业流程，按照学生认识规律，从感性到理性，由浅入深，其间插入"学习工作页"，以促进学生学做结合，理论紧密联系实际，着力提高学生实践技能、综合素质和就业能力。

本书吸收了近年来汽车售后管理、服务的新理念、新标准和教育改革所取得的新经验，紧密结合国内主流汽车品牌企业的实际情况，将经营模式、管理体系、服务流程、服务沟通、接待礼仪及服务管理有机融合，将理论与实训有机融合。

全书共 5 个任务，主要包括认识汽车售后服务、汽车维修接待服务流程、汽车维修服务沟通、汽车维修接待礼仪及汽车维修服务管理。

本书提供大量教学资源下载（含 PPT、微课视频、动画、学习工作页题解和教学文件等），通过扫描二维码链接教学资源，方便教师授课和学生课外学习。

本书由林锡彬、蔡兴旺主编。编写分工如下：林锡彬、周锦宝编写任务 1 至任务 3，林锡彬对全书进行统稿和教学资源采集；蔡兴旺编写任务 4，并对全书进行审阅和教学资源的加工制作；吴启彬、廖显林、陈冠群和余飞燕编写任务 5。

本书在编写及课件制作过程中得到机械工业出版社、广州汽车集团股份有限公司，尤其是广汽传祺汽车销售有限公司等单位及个人的大力支持与帮助，参考了汽车网站中的内容及汽车教材、论文资料，一并谨表深深的谢意。

限于作者水平和能力，书中误漏之处难免，诚恳期望得到同行专家和广大读者的批评指正。

《汽车维修接待、沟通与管理》编写组

二维码索引

目 录

任务 1
认识汽车售后服务

01

1. 了解我国汽车售后服务经营模式与特点
2. 熟悉美国和日本汽车售后服务经营模式类别与特点
3. 学会识别国内汽车售后服务经营模式
4. 熟悉汽车售后服务站区域、设施与布局
5. 熟悉汽车售后服务站组织架构图及岗位职责
6. 培养良好的职业道德与安全、环保意识

任务描述

实习生小李等 8 人到耀华汽车 4S 店实习，培训部陈主任给他们进行首次培训，介绍汽车售后服务企业的经营模式及管理体系。

任务准备

1.1　认识汽车售后服务企业经营模式

汽车维修接待是汽车企业中负责客户接待的工作人员，客户进入汽车维修企业，第一个接触到的人就是汽车维修接待。

1. 国内汽车售后服务企业经营模式

现今常见的汽车售后服务企业经营模式有汽车4S店、汽车快修店和个体户3种。

（1）汽车4S店　汽车4S店是集汽车销售（Sale）、售后服务（Service）、配件（Spare Part）和信息反馈（Survey）四位一体的特约服务店。它以特约经营的模式依附汽车品牌制造商，拥有统一的外观形象，统一的管理标准，只经营单一品牌的特点。汽车4S店在提升汽车品牌形象上具备较大的优势。

汽车4S店自1999年传入我国，通过统一的店面标准，统一的整车销售价格，高质量的维修，人性化、高质量的服务，协调一致的广告推广，迅速的信息反馈，以及高效的保修索赔等，使顾客对品牌产生信任，提升客户满意度，扩大销售，稳定顾客，逐步得到市场的认可，成为中国汽车售后服务企业主流的经营模式。本书所有任务的相关内容均以此模式为基础进行介绍。

（2）汽车快修店　一般来说，汽车快修店是针对汽车售后服务的一些具体项目而设置的企业。它不依附汽车品牌厂家，投资规模远小于4S店，为各种品牌的车辆提供服务。汽车快修店满足了消费者对售后服务的方便、快捷、优质和实惠等需求。

目前，在我国的快修店可分为国际品牌连锁、国内品牌连锁和非连锁专业快修等。

例如，博世汽车在全球100多个国家和地区建立了10000家博世汽车售后服务企业，其中在我国有500多家。博世汽车利用其研发和零部件生产制造的优势对加盟其汽车售后服务的企业提供技术支持及培训、工具设备供应、零部件供应，并建立统一的汽车服务体系，使得博世汽车的售后服务企业能标准化地对各种车型提供服务。

目前，国内品牌连锁还仅仅是区域连锁，真正意义上规模的全国连锁还不多见。此类快修店对于常见的维修项目（如汽车保养）具备较快的维修速度及较好的维修质量。但由于受到管理方法、资金、技术、人员储备、零件供应等多方面制约，还未能形成与国际品牌连锁抗衡的能力。不过这些快修店充分理解国内、区域的消费环境，以及客户的喜好，因此其生存空间足够，发展速度迅速。

（3）汽车维修个体户　个体户一般是指个人投资、规模较小的汽车维护店，分布于大街小巷，服务项目较单一。其人员配备不齐全，员工缺乏系统学习及培训，检测设备和工具有限，零配件供应依赖于零配件市场，因此其维护质量存在较大波动。但其收费相对低廉，经营灵活，仍然具备一定的市场。

2. 国外汽车售后服务企业经营模式

（1）美国汽车售后服务的经营模式。美国被世人喻为"车轮上的国家"，是全球汽车行业发展的风向标，它的发展历史值得借鉴。美国主要的汽车售后服务经营模式有两种，即特许经营模式和直营连锁模式。

1）特许经营模式。特许经营模式是指特许人将自己所拥有的商标、商号、产品、专利和专有技术、经营模式等以特许经营合同的形式授予被特许人使用。

被特许人按合同规定在特许人统一的业务模式下从事经营活动，并向特许人支付相应费用。例如，美国国家汽车配件协会（NAPA，National Automotive Parts Association）就是以特许连锁方式组建起来的美国最大的汽车维修美容连锁经营机构。目前，NAPA 旗下大小规模的汽车售后服务连锁店多达 10500 家，布局在美国 50 个州。

2）直营连锁模式。直营连锁模式是指总公司直接经营的连锁店，即由总公司直接投资、经营各个终端店的经营模式。总公司采取纵深式的管理方式，直接施令管理各连锁店，各连锁店也必须完全接受总公司指挥。

这种模式是通过独资、控股或吞并、兼并等途径，拓宽经营渠道，发展壮大自身规模与实力的一种模式。

汽车地带集团（AutoZone）是仅次于 NAPA 的美国汽车维修连锁企业，它就是采用直营连锁的模式。汽车地带集团的所有连锁企业均归属汽车地带集团所有，由总部集中管理，统一公司的人事、采购、计划、广告、会计和经营方针，实行标准化管理和统一核算制度。各直营店经理是雇佣者而非所有者。

（2）日本汽车售后服务的经营模式　日本国土狭小，售后服务企业属地域密集型，大约每 710 辆汽车就有 1 家售后服务企业。企业总体上呈现小而精的特点，企业人员规模较小，通常要求员工具备多种能力，从接待、维修乃至洗车都有可能由一个人独立完成。

日本汽车售后服务企业规模：5 人以下的占 59.46%，10 人以下的占 78.32%，100 人以上的占 3.3%，300 人以上的占 0.88%。

日本营业性汽车售后服务企业占 66.52%，员工平均人数为 6.9 人；销售商兼售后服务的企业占 23.17%，平均员工人数为 12.4 人；大公司自设汽车售后服务企业的占 10.31%，员工平均人数为 12.4 人。

1.2　识别汽车服务站的整体布局

服务站主要包含维修接待区、维修车间区、销售展厅和附属设施 4 个区域，整体布局可参考图 1-1。

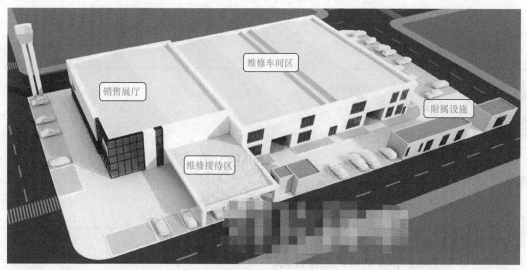

图 1-1　汽车服务站的整体布局

温馨提示

汽车服务站的整体布局视频参见教学资源1.1。

（1）维修接待区　维修接待区是车辆维修接待的区域，包括维修接待车位、维修接待前台和客户休息区3个区域。

1）维修接待车位，如图1-2所示。

功能：维修车辆接待工作区域。

车位尺寸标准：7m×4m，呈锯齿状排列。

设备/设施：接待车位末端安装橡胶挡车器2个，宽度大于或等于500mm，高度大于或等于150mm。

图1-2　维修接待车位

温馨提示

汽车维修接待车位视频参见教学资源1.2。

2）维修接待前台，如图1-3所示。

功能：开制工单、作业估价的工作区域。

设备/设施：

① 维修接待办公台、保险接待办公台、服务顾问及会客椅。

② 配置足够数量的办公用品（包括计算机、激光打印机和文件柜等）。

③ 制作零部件价格公示牌，合理放置宣传招贴、广告和绿色植物等。

图 1-3　维修接待前台

温馨提示

汽车维修接待前台视频参见教学资源 1.3。

3）客户休息区如图 1-4 所示。

图 1-4　客户休息区

功能：为在店等待维修完成的客户提供休息、娱乐良好体验的区域。

布局：客户休息区包括影视区、上网区和阅读区3个部分。

设备/设施：

① 休息区配置沙发、茶几或吧椅。

② 影视区配置电视、音响，提供电影播放服务。

③ 上网区配备两台以上计算机，供客户上网、休闲娱乐。

④ 阅读区配备报纸杂志架，提供报纸、杂志及宣传资料，供客户查阅。

⑤ 配置数量合理的饮水机、宣传招贴和绿色植物等，整体营造温馨舒适的氛围。

⑥ 客户休息区要求能够直视车间，让客户可以看到快修保养作业过程。

 温馨提示

汽车维修客户休息区视频参见教学资源1.4 。

（2）维修车间　维修车间是车辆维修的区域，包括调度室、快修工位、机修工位、轮胎及四轮定位工位、完工和检测工位、钣金工位、钣金拆件室、打磨工位、抛光工位、大梁校正工位、喷漆维修工位、调漆室、零部件仓库、总成分解室、机修拆件室、工具室和培训室等。

1）调度室，如图1-5所示。

功能：车间工作及人员调度。

设备/设施：

① 配备办公桌、椅；计算机、资料柜等必要的办公设施。

② 调度室需向车间内开窗，方便观察、管理车间作业。

③ 制作车间管理看板，悬挂于调度室外墙或附近墙面。

2）快修工位，如图1-6所示。

图1-5　调度室

图1-6　快修工位

功能：汽车快速保养工作区域。

尺寸参考：每个工位为7m×4m。

设备/设施见表1-1。

表 1-1　快修工位的设备/设施（N 为快修工位数）

序号	名称	数量
1	地埋剪式举升机	N 台
2	快修小剪式举升机	N 台
3	快修工具车及轮胎支架小车	2N 台
4	两联组合绕线器	N+1 台
5	工具车及常用工具	N 套
6	废油收集器	N 台

注：快修工位需安装悬吊式绕线转盘（内含气路和弱电接口）和悬挂式废气抽排系统。

快修工位布置如图1-7所示。其中，剪式举升机中心线距墙4000mm，两联组合式绕线器安装于工位中心线与快修工位边线交点上方（中心线距墙3500mm）。

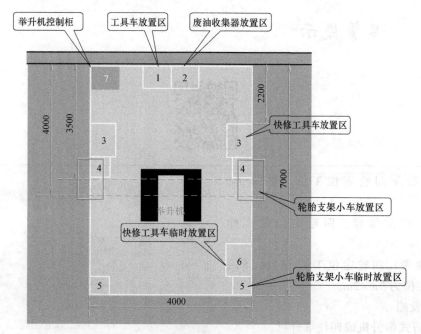

图 1-7　快修工位布置（单位：mm）

温馨提示

汽车维修快修工位视频参见教学资源1.5。

3）机修工位，如图 1-8 所示。

功能：机电维修工作的区域。

尺寸参考：每个工位为：7m×4m。

设备/设施：

① 部分工位配备龙门举升机。

② 工具小车（含个人常用工具）。

③ 转盘式压缩空气管喉、电线转盘、工作灯、废气抽排系统等。

图 1-8　机修工位

温馨提示

汽车机修工位视频参见教学资源1.6

4）轮胎及四轮定位工位，如图 1-9 所示。

功能：轮胎维修、四轮定位的工作区域。

尺寸参考：四轮定位工位为 7m×5m；轮胎维修工位为 7m×2m。

设备/设施：

① 大剪式举升机或四柱举升机。

② 3D 计算机四轮定位仪。

③ 拆胎机、平衡机等轮胎修理工具。

④ 转盘式压缩空气管喉、电线转盘连工作灯。

图 1-9　轮胎及四轮定位工位

5）完工和检测工位，如图 1-10 所示。

功能：车辆检测和完工质检的工作区域。

尺寸参考：11m×4m。

设备/设施：检测线及灯光检测仪

6）钣金工位，如图 1-11 所示。

功能：钣金维修的工作区域。

尺寸参考：每个工位为：7m×4m。

图1-10　完工和检测工位

图1-11　钣金工位

设备/设施：

① 1台龙门双柱举升机。

② 气动管路、油水分离器；380V、40A，220V电源插座。

③ 点焊机、介子机、二氧化碳保护焊机、钣金工具等。

7）钣金拆件室，如图1-12所示。

功能：钣金拆件存放室。

设备/设施：零件存放架5个，尺寸参考：1800mm×600mm×2100mm（长×宽×高），3~4层。

注意事项：

① 零件存放架需考虑保险杠等较长零件的存放要求。

② 制作拆装零件标签，规范管理。

8）打磨工位，如图1-13所示。

图1-12　钣金拆件室

图1-13　打磨工位

功能：喷漆打磨的工作区域。

参考尺寸：每个工位为 7m×4m。

设备/设施：

① 气动管路、油水分离器。

② 无尘干磨系统、喷漆工具等。

③ 380V（40A），220V 电源插座。

注意事项：

① 符合当地的消防和环保要求。

② 工位空气管道出口必须安装油雾器/过滤器。

9）抛光工位，如图 1-13 所示。

功能：钣喷维修的抛光工作区域。

参考尺寸：每个工位为 7m×4m。

设备/设施：

① 气动管路、油水分离器。

② 抛光机（存放于工具房）。

③ 380V、40A，220V 电源插座。

注意事项：

① 符合当地的消防和环保要求。

② 工位空气管道出口必须安装油雾器/过滤器。

10）大梁校正工位，如图 1-14 所示。

功能：钣金维修的大梁校正工作区域。

参考尺寸：8m×6m。

设备/设施：

① 大梁校正仪。

② 380V、40A 电源插座。

③ 全套车身拉伸修理工具。

注意事项：应符合当地的消防和环保要求。

11）喷漆维修工位，如图 1-15 所示。

图 1-14　大梁校正工位

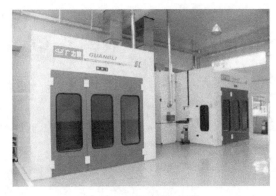

图 1-15　喷漆维修工位

功能：喷漆维修的工作区域。

参考尺寸：8m×6m。

设备/设施：

① 水性烤漆房。

② 气动管路、油水分离器。

注意事项：应符合当地的消防和环保要求。

12）调漆室，如图1-16所示。

功能：调漆工作室。

设备/设施：

① 光亮、整洁、通风性能好，设置各种漆桶与漆具存放架。

② 配备电动油漆搅拌机、电子秤及调漆工作台。

③ 配备一高一低两个防爆式换气扇，上送风，下排风，其中低处排风扇距地面20~30cm。

13）零部件仓库，如图1-17所示。

图1-16　调漆室

图1-17　零部件仓库

功能：零部件管理、仓储、出库、入库的工作区域。

基本原则：

① 硬件设备配置齐全，以保证零部件相关业务流畅、安全、高效地开展。

② 仓库、办公室整体布局合理，具备良好的专业形象。

③ 便于零部件部门与客户、其他部门进行交流和联系。

设计标准：

① 采用二层阁楼式结构的，仓库整体高度要求为6m，其中一楼净高3m。

② 配置相应的防火、防盗、防潮及通风设备。

 温馨提示

汽车维修零部件仓库视频参见教学资源1.7。

14）总成分解室，如图 1-18 所示。

拆解室　　　　　　　　存放室　　　　　　　压力拆装机

图 1-18　总成分解室

功能：总成拆解及存放室。

设备/设施：

① 维修发动机和变速器的工作台 2 张，尺寸：1500mm×1200mm×600mm（长×宽×高）。

② 工作台应有集油装置，台面铺设耐油橡胶垫。

③ 零件存放架 4 个，尺寸：1800mm×600mm×2100mm（长×宽×高），3~4 层。

④ 安装转盘式压缩空气管喉和移动工作灯。

⑤ 压床、零件清洗机、全计算机喷嘴清洗机、台钳、发动机起重机、发动机翻转架等。

15）机修拆件室，如图 1-19 所示。

图 1-19　机修拆件室

功能：机修拆件存放室。

设施：零件存放架 5 个，尺寸：1800×600×2100mm（长×宽×高），3~4 层。

注意事项：

① 零件架需考虑保险杠等较长零件的存放要求。

② 制作拆装零件标签，规范管理。

16）工具室，如图 1-20 所示。

功能：售后维修工具存放处。

设备/设施：

① 配备专用工具挂板及工具存放架，配备一般工具推车。

② 设置工具标签，画线制定推车放置位置，规范管理。

③ 配备相关充电设备。

a)

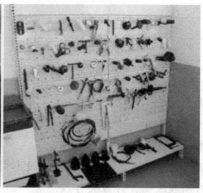
b)

图 1-20　工具室

a）工具室概况　b）工具挂板

17）培训室，如图 1-21 所示。

功能：售后培训室。

设备/设施：

① 配备讲台、桌、椅等。

② 配备计算机、投影仪、投影幕和白板等教学设施。

（3）附属设施　附属设施包括停车场、洗车工位、卫生间、一般废物室、废油存放室、车间消防系统、油水分离槽和污水处理系统等。

图 1-21　培训室

1）停车场。汽车 4S 店一般有 5 类停车场，包括客户停车区、维修交车区、维修服务停车区、员工停车区和新车停车区。企业应根据具体情况合理规划。

2）洗车工位，如图 1-22 所示。

功能：洗车及汽车美容区域。

设备/设施：

① 冷水或冷热水高压清洗机、吸尘器、泡沫机、吹尘枪等。

② 气动管路。

③ 防水电气插座。

3）卫生间。特约店一般有两类卫生间需要考虑，即销售展厅卫生间和车间卫生间。

图 1-22　洗车工位

4）一般废物室。

功能：存放除废油、危险品之外的废物。

设施与要求：需配置废件/旧件存放架 3~4 个。一般要求见表 1-2。

表 1-2　一般废物的分类与要求

项目	可回收废物区	一般废物区
注解	可回收的一般废物	不可回收的一般废物
基本要求	通风、消防、地漆防渗	棚即可,通风、消防、地漆防渗
主要存放物品	废轮胎、废金属零件、废塑料、废纸箱、废纸	菜叶、果皮、布、灰尘、剩饭(单独存放)

注意事项：

① 根据废物的性质，将废物分为一般不可回收废物、一般可回收废物、危险可回收废物、危险不可回收废物，并分类存放。

② 各类废物的存放设施、收集设施应有明显的标识。车间的固体废物收集，分为含油废物（危险废物）和不含油废物（一般废物）两类进行收集（图 1-23），在废物存放区再按四类废物的要求分类存放。

图 1-23　存放废物设施上的标识

5）废油存放室，如图 1-24 所示。

图 1-24　废油存放室及废油存放桶

功能：废油及危险品存放室。

设施与要求：建议设置独立的废油废液室和存放固体、固液混合型危险废物的危险废物室。其基本要求见表 1-3。

表 1-3 废油存放分类与要求

项目	废油废液室	危险废物室
注解	液体危险废物	固体、固液混合型危险废物
基本要求	通风,消防(采用防爆照明灯和防爆型排气扇和电器开关,有明显的防火标识),标明存放物性质的标识,地漆防渗,设置观察窗	
主要存放物品	废机油、废变速器油、废转向助力机油、废制动液、废冷却液、废溶剂	废蓄电池、废机油滤清器、废机油桶、废油桶、废油漆桶、化清剂罐

注意事项:

① 废机油、废变速器油、废转向助力机油可以混合放在一起,存放于专门的油桶中,油桶底下放置接油盘。

② 废制动液、废冷却液应单独分桶存放,不能与其他油类、液体化学品混合存放。

③ 存放桶应有明显的标识,标明所存液体。

6)车间消防系统,如图 1-25 所示。

图 1-25 车间消防系统

功能:车间消防系统。

基本要求:

① 车间必须设计消防系统,并符合当地消防法规。

② 设置消防栓、消防喉、灭火器等设施,并定期检查,保证可用。

7)油水分离槽,如图 1-26 所示。

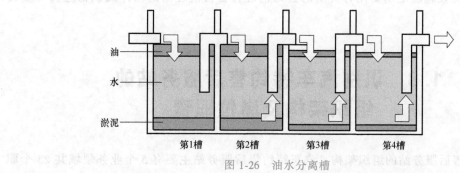

图 1-26 油水分离槽

功能：油水分离，避免废油流入下水道，污染环境。

设备/设施：

① 设置带有4个槽的油水分离槽。分离槽上盖可承重，保证车辆能在其上正常行驶。

② 分离槽的原理：废水由第1个槽开始，依次流向下一个槽。泥土、沙等重物质沉底，油浮于表面，经过分离槽排入下水道时已沉淀或去除大部分的油和污染物。

③ 分离槽的清洗：清洗需定期由专业人士采用吸油器等专用设备吸取表面的废油，并进行整体清洗。废弃物联系相关单位回收，按当地环保法规进行处理。

8）污水处理系统（图1-27）。污水排放必须符合当地政府的要求，设施建设必须遵守国家和当地法规要求，一般应符合以下原则：

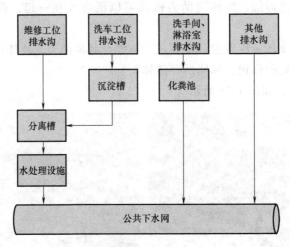

图1-27　污水处理

① 污水管道与雨水管道分开，禁止将污水排入雨水管道。

② 生活污水应与车间的废水分离，各自经过处理后排入市政污水管网。

③ 生活污水应设置化粪池，经厌氧细菌分解后排放。

④ 维修产生的废水应经过沉淀槽和分离槽处理后排放。

⑤ 污水处理设施的内部结构和尺寸应根据汽车4S店污水排放量和废水的水质特征，由专业建筑设计公司负责设计、计算与规划。

⑥ 建议在沉淀和分离后设置污水处理设施和水循环设施。

⑦ 污水处理设施应定期委托有资质的公司清理，自行清理出的固体沉积物应交专业公司处置。

1.3　识别汽车特约售后服务站的组织架构及岗位职责

（1）特约售后服务站的组织架构　汽车特约售后服务站主要有5个业务领域共23个职能岗位（图1-28）。其中，服务经理、前台主管、车间主管、零部件主管、客服主管、机修

工、钣金工、喷漆工为关键岗位，不可兼职；其余岗位根据发展状况可由其他岗位兼职。

　　注意：客服部门在部分品牌中归属销售店直接管理，也有一些品牌，客服部门是归属集团直接管理的。

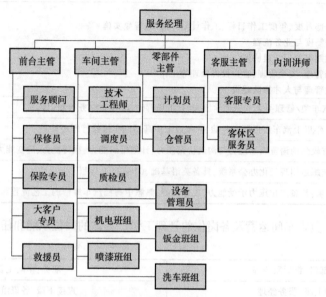

图 1-28　特约售后服务站的组织架构

　　（2）特约售后服务站的岗位职责　特约售后服务站各岗位的职责如下：

　　1）服务经理。管理售后各岗位，负责售后整体工作的运营管理，具体的岗位职能和任职要求见表 1-4。

表 1-4　服务经理的岗位职能和任职要求

所属部门:售后服务部		职务:服务经理
直接上级:总经理		直接下级:售后服务部各业务主管

岗位职能描述:
1. 拟订售后服务部年度、月度工作目标、工作计划并督导实施
2. 督导实施售后服务部管理制度与业务流程
3. 做好对总经理、厂家等汇报和沟通工作，以及对销售部、财务部、行政部的支持和沟通协调工作
4. 组织前台、车间、零部件等部门现场业务生产和安全管理
5. 定期和不定期地组织售后服务各部门进行专业培训、综合培训等
6. 负责售后服务部绩效管理与人才梯队建设

任职要求	知识结构:全日制汽车类专业本科以上学历,具备财务、生产管理、英语等知识体系
	工作经验:3 年以上汽车行业工作经验,其中 1 年以上汽车维修工作经验,2 年以上售后服务管理经验,了解汽车行业的各种规定及相关的法律知识
	能力要求:文字语言表达能力、沟通协调能力、计划组织能力、培训能力、执行能力、应变能力和市场洞察力等
	技能要求:熟练运用现代化办公系统,具备英语基础
	其他相关要求:有责任心,具备工作压力承受能力,服务意识良好,有驾照

　　2）前台主管。负责售后接待前台的运营及管理工作。具体的岗位职能和任职要求见表 1-5。

表 1-5 前台主管的岗位职能和任职要求

所属部门:售后服务部	职务:前台主管
直接上级:服务经理	直接下级:大客户专员、服务顾问、保险专员、保修员、救援员

岗位职能描述:
1. 严格执行售后服务部月度、年度工作目标、工作计划并协助、督导实施
2. 督导实施前台管理制度与业务流程
3. 与车间、零部件、索赔等部门沟通协调
4. 负责前台业务现场管理、安全管理、客户投诉处理等工作
5. 负责服务顾问绩效管理与人才梯队建设

任职要求	知识结构:汽车类/管理类大专以上学历,具有市场营销、法律和财务等知识体系
	工作经验:4年以上汽车售后服务经验,两年以上中高档汽车维修管理经验
	综合素质:有较强的语言表达能力与沟通协调能力、计划组织能力、执行能力、应变能力,有很强的安全意识
	技能要求:熟练运用现代化办公系统,具备英语基础、C1或以上驾照
	其他相关要求:具备工作压力承受能力,工作细心,熟悉中高档汽车维修的工艺流程和标准

3）车间主管。负责车间运营及各岗位的管理工作。具体的岗位职能和任职要求见表1-6。

表 1-6 车间主管的岗位职能和任职要求

所属部门:售后服务部	职务:车间主管
直接上级:服务经理	直接下级:各班组组长

岗位职能描述:
1. 拟订车间年度、月度工作目标、工作计划并督导实施
2. 拟订车间管理制度与业务流程,并督导实施
3. 负责车间派工调度与内外工作协调
4. 负责车间现场管理与生产安全管理
5. 负责绩效管理与人才梯队建设

任职要求	知识结构:汽车类专业大专科以上学历,具备财务、生产管理等知识体系
	工作经验:2年以上汽车维修工作经验,1年以上车间管理经验,了解汽车行业的各种规定及相关的法律知识
	能力要求:语言表达能力与沟通协调能力、计划组织能力、执行能力、应变能力
	技能要求:熟练运用现代化办公系统,具备英语基础
	其他相关要求:具有工作压力承受能力,工作细心,有驾照

4）零部件主管。负责零部件运营及相关各岗位的管理工作。具体的岗位职能和任职要求见表1-7。

表 1-7 零部件主管的岗位职能和任职要求

所属部门:售后服务部	职务:零部件主管
直接上级:服务经理	直接下级:零部件计划员、仓管员

岗位职能描述:负责售后零部件的管理工作,协助服务经理完成公司的经营目标

任职要求	知识结构:汽车类/管理类大专以上学历,具有市场营销、法律和财务等知识体系
	工作经验:4年以上零部件管理经验,1年以上同岗位工作经验
	能力要求:熟练运用现代化办公软件
	综合素质要求:有较强的组织计划能力,有一定的分析判断能力和风险意识
	其他相关要求:了解本地汽配市场

5）客服主管。负责客户关系维系及客服各岗位的管理工作。

为便于公正评价售后服务水平，有的企业的客服部门归总经理直接管理，也有的归集团直接管理。本文以客服部门归售后服务部直接管理来进行说明。客服主管具体的岗位职能和任职要求见表1-8。

表1-8　客服主管的岗位职能和任职要求

所属部门：售后服务部		职务：客服主管
直接上级：服务经理		直接下级：客服专员、客休区服务员
岗位职能描述： 1. 制订岗位工作计划并带领、管理客服专员完成工作 2. 做好客户档案的管理及客户的定期预约及回访工作 3. 负责管理和协调客户反馈与投诉的收集、追踪处理及重大客户问题的解决 4. 不断优化客户满意度调查的方式和方法，为服务经理制订提高客户满意度的规划和执行方案 5. 负责服务质量表等业务报表的制作及上报		
任 职 要 求	知识结构：汽车类/营销类/管理类大专以上学历，具有法律、市场营销和服务管理等知识体系	
	工作经验：2年以上市场管理或客户服务工作经验	
	能力要求：熟练运用办公软件，深刻认知市场营销知识，具备客户关系管理能力及统计分析能力	
	综合素质要求：积极热情、责任心强；具有较强的沟通、协调能力，以及良好的团队合作精神；积极主动、性格开朗、讲求效率、乐于接受挑战	
	其他相关要求：掌握本地媒体、消协及执法部门的相关情况	

6）内训讲师。负责管理及实施有关售后的各项培训工作。具体的岗位职能和任职要求见表1-9。

表1-9　内训讲师的岗位职能和任职要求

所属部门：售后服务部		职务：内训讲师
直接上级：服务经理		直接下级：无
岗位职能描述： 1. 建立并管理员工培训档案 2. 调查公司内部的培训需求，拟订培训计划 3. 开发培训教材，开展培训，调查培训效果并改善培训质量 4. 联系各类培训机构，办理员工外部培训事宜 5. 管理培训费用		
任 职 要 求	知识结构：汽车类/人力资源类/企业管理类大专以上学历，具有职业教育、培训讲师等知识体系	
	工作经验：1年以上培训或相关工作经验，2年以上售后业务/技术工作经验	
	能力要求：熟练运用办公软件，具备教材编制、授课指导等能力；熟悉培训组织流程	
	综合素质要求：工作积极、勤奋、主动、进取，并具备敬业精神，富有团队合作精神	
	其他相关要求：表达能力强，能调动学员的学习兴趣	

7）服务顾问。负责维修车辆的接待、问诊及后续交车工作。具体的岗位职能和任职要求见表1-10。

8）保修员。负责汽车"三包"（包修、包换、包退）业务。具体的岗位职能和任职要求见表1-11。

表 1-10　服务顾问的岗位职能和任职要求

所属部门:售后服务部		职务:服务顾问
直接上级:前台主管		直接下级:无

岗位职能描述:

1. 及时、热诚地接待客户
2. 进行环车检查、问诊并开制维修工单
3. 跟进并向客户反馈维修进度,做好客户关怀工作
4. 负责维修后的好交车工作

任职要求	知识结构:汽车相关知识;服务营销知识(消费行为学、谈判技巧)
	工作经验:熟悉汽车维修保养、保修、保险等综合业务流程,具有 1 年以上的服务顾问经验
	能力要求:良好的沟通能力、计算机运用能力、汽车运用能力
	综合素质要求:精力充沛、谦恭、诚实、可靠、负责,具备良好的心理承受能力和学习能力
	其他相关要求:仪表端庄

表 1-11　保修员的岗位职能和任职要求

所属部门:售后服务部		职务:保修员
直接上级:前台主管		直接下级:无

岗位职能描述:

1. 按照"三包"的条款判定"三包"业务
2. 制作索赔申请单向厂家索赔"三包"费用并反馈质量信息
3. 负责保修旧件的存储及回运工作
4. 负责跟进保修费用的结算工作
5. 协助处理保修相关的投诉
6. 负责"三包"档案的存档工作

任职要求	知识结构:汽车专业大专以上学历,具有营销服务等知识体系
	工作经验:1 年以上服务顾问工作经验,熟悉汽车维修保养、保修、保险等综合业务流程
	能力要求:语言表达能力与沟通协调能力、执行能力、应变能力
	技能要求:熟练运用现代化办公系统,具备英语基础技能
	其他相关要求:工作细心,有驾照

9) 保险专员。负责车辆的续保及保险索赔业务。具体的岗位职能和任职要求见表 1-12。

表 1-12　保险专员的岗位职能和任职要求

所属部门:售后服务部		职务:保险专员
直接上级:前台主管		直接下级:无

岗位职能描述:

1. 对保险索赔业务的代理
2. 对保险销售业务的代理
3. 增进与客户及保险公司的业务沟通,拓展维修业务

任职要求	知识结构:汽车相关知识;服务营销知识;保险政策及索赔业务流程,公共关系学
	工作经验:熟悉汽车保险销售及索赔业务相关流程,具有至少 3 年以上相关业务经验
	能力要求:良好的沟通能力、计算机运用能力、汽车驾驶能力,能够独立对索赔车辆报价
	综合素质要求:诚实守信、责任感强,具备良好的心理承受能力,学习能力强,品德良好
	其他相关要求:仪表端庄,能吃苦耐劳,精力充沛

10）大客户专员。负责大客户的接待及维系工作。具体的岗位职能和任职要求见表1-13。

表 1-13　大客户专员的岗位职能和任职要求

所属部门：售后服务部		职务：大客户专员
直接上级：前台主管		直接下级：无

岗位职能描述：

1. 管理大客户车辆档案，负责大客户服务接待
2. 为每家大客户单位设立专属档案，记录其维修履历
3. 负责客户保养维修服务接待
4. 负责保养维修后的跟踪服务

	知识结构：汽车相关知识，服务营销知识（消费行为学、谈判技巧）
任职要求	工作经验：熟悉汽车维修保养、保修、保险等综合业务流程，具有1年以上的服务顾问经验
	能力要求：良好的沟通能力、计算机运用能力、汽车运用能力
	综合素质要求：精力充沛、谦恭、诚实、可靠、负责，具备良好的心理承受能力和学习能力
	其他相关要求：仪表端庄

11）救援员。负责出车救援或拖车工作。具体的岗位职能和任职要求见表1-14。

表 1-14　救援员的岗位职能和任职要求

所属部门：售后服务部		职务：救援员
直接上级：前台主管		直接下级：无

岗位职能描述：

1. 按照相关品牌车辆保修条款要求处理保修业务及新车的保险索赔业务
2. 根据抢险需要及时出车执行维修抢险任务

	知识结构：汽车相关知识，服务营销知识（消费行为学、谈判技巧）
任职要求	工作经验：需要熟悉汽车维修保养、保修、保险等综合业务流程，具有1年以上的服务顾问经验
	能力要求：良好的沟通能力、计算机运用能力、汽车运用能力、应变协作能力
	综合素质要求：精力充沛、谦恭、诚实、可靠、负责，具备良好的心理承受能力和学习能力
	其他相关要求：仪表端庄，具有B1或以上驾照

12）技术工程师。负责技术支持及技术培训工作。具体的岗位职能和任职要求见表 1-15。

表 1-15　技术工程师的岗位职能和任职要求

所属部门：售后服务部		职务：技术工程师
直接上级：车间主管		直接下级：无

岗位职能描述：

1. 拟订车间年度、月度、每周技术工作目标并督导实施
2. 拟订技术培训计划并督导实施
3. 车间现场技术支持、技术指导
4. 整理与传达厂家最新技术信息
5. 维修案例分析工作的汇报、类总与推广
6. 维修专用检测设备的管理与维护
7. 技师考核、级别评定与人才梯队建设
8. 质量改进与提高计划

（续）

任职要求	知识结构:汽车专业本科以上学历;具备技术培训、生产管理等知识体系
	工作经验:4年以上汽车维修工作经验,1年以上技术管理经验,具有丰富的汽车结构知识与解决汽车疑难故障的经验,了解汽车行业各种规定与相关法律知识
	能力要求:语言表达能力与沟通协调能力、计划组织能力、执行能力
	技能要求:熟练运用现代化办公系统,具备英语基础
	其他相关要求:具备工作压力承受能力,工作细心,有驾照

13）调度员。负责车辆派工调度工作。具体的岗位职能和任职要求见表1-16。

表1-16　调度员的岗位职能和任职要求

所属部门:售后服务部	职务:调度员
直接上级:车间主管	直接下级:无

岗位职能描述:
1. 车间派工调度与内外工作协调
2. 车间现场管理与生产安全管理

任职要求	知识结构:汽车类专业大专以上学历,具备财务、生产管理等知识体系
	工作经验:2年以上汽车维修工作经验,1年以上车间管理经验,了解汽车行业的各种规定及相关的法律知识
	能力要求:语言表达能力与沟通协调能力、计划组织能力、执行能力、应变能力
	技能要求:熟练运用现代化办公系统,具备英语基础
	其他相关要求:具备工作压力承受能力,工作细心,有驾照

14）质检员。负责完工车辆的出厂检验工作。具体的岗位职能和任职要求见表1-17。

表1-17　质检员的岗位职能和任职要求

所属部门:售后服务部	职务:质检员
直接上级:车间主管	直接下级:无

岗位职能描述:
1. 对车间的生产进行过程检验
2. 对完工车辆进行出厂检验
3. 监督车间班组的安全文明生产和规范化操作

任职要求	知识结构:汽车维修专业,中专以上学历
	工作经验:3年以上汽车维修经验,1年以上汽车质检工作经验
	能力要求:2年以上汽车驾驶经验,语言表达能力和分析判断能力,能坚持原则
	综合素质要求:熟练的驾驶技术,一般的汽车故障分析判断
	其他相关要求:有主见,具备独立思考能力

15）设备管理员。负责车间设备的管理及维护工作。具体的岗位职能和任职要求见表1-18。

16）机电班组。负责机电维修工作。机电组长兼技师的岗位职能和任职要求见表1-19。

表 1-18　设备管理员的岗位职能和任职要求

所属部门:售后服务部		职务:设备管理员
直接上级:车间主管		直接下级:无
岗位职能描述:管理车间维修设备,及时组织工具设备的订购、养护和维修		
任职要求	知识结构:汽车类/机电类专业,高中/中专以上学历	
	工作经验:2 年以上汽车维修工作经验或 1 年以上设备管理经验	
	能力要求:掌握各种维修设备的原理、使用、养护方法,动手能力强	
	综合素质要求:坦诚、进取,具有高度的工作热情,有良好的团队合作精神	
	其他相关要求:了解当地维修设备商	

表 1-19　机电组长兼技师的岗位职能和任职要求

所属部门:售后服务部		职务:机电组长兼技师
直接上级:机电车间主管		直接下级:技工

岗位职能描述:
1. 组织班组内员工完成车间主管安排的各项工作任务;向车间主管汇报车辆维修进度、疑难问题
2. 指挥、协调、督导、检查本班组员工的工作
3. 车辆的调度、试车;工具设备的检查、维护、报告
4. 班组内外部的协调沟通
5. 对本班组内的一切安全、质量问题负责
6. 对班组内部进行技术指导、培训

任职要求	知识结构:中专以上学历汽车维修专业毕业
	工作经验:至少 3 年基层维修工作经验(机电一体化)
	技能要求:1. 掌握各种现代汽车诊断仪器的使用方法 　　　　　2. 掌握基本的计算机操作 　　　　　3. 驾驶技术熟练 　　　　　4. 语言、文字表达能力良好
	综合素质要求:语言表达能力强,善于人际沟通,果断,预见能力强,忍耐力强,变通,诚实
	其他相关要求:形象良好

17)钣金班组。负责钣金维修工作。钣金组长兼技师的岗位职能和任职要求见表 1-20。

表 1-20　钣金组长兼技师的岗位职能和任职要求

所属部门:售后服务部		职务:钣金组长兼技师
直接上级:车间主管		直接下级:技工

岗位职能描述:
1. 组织班组内员工完成车间主管安排的各项工作任务;向车间主管汇报车辆维修进度、疑难问题
2. 指挥、协调、督导、检查本班组员工的工作
3. 车辆的调度、试车;工具设备的检查、维护、报告
4. 班组内外部的协调沟通
5. 对本班组内的一切安全、质量问题负责
6. 对班组内部进行技术指导、培训

（续）

任职要求	知识结构:中专以上学历汽车维修专业毕业
	工作经验:至少3年基层维修工作经验
	技能要求:1. 掌握各种现代汽车诊断仪器的使用 2. 掌握基本的计算机操作 3. 驾驶技术熟练 4. 语言、文字表达能力良好
	综合素质要求:语言表达能力强,善于人际沟通,果断,预见能力强,忍耐强,变通,诚实
	其他相关要求:形象良好

18) 喷漆班组。负责喷漆维修工作。具体的岗位职能和任职要求见表1-21。

表 1-21　喷漆组长兼技师的岗位职能和任职要求

| 所属部门:售后服务部 | 职务:喷漆组长兼技师 |
| 直接上级:车间主管 | 直接下级:技工 |

岗位职能描述:
1. 组织班组内员工完成车间主管安排的各项工作任务;向车间主管汇报车辆维修进度、疑难问题
2. 指挥、协调、督导、检查本班组员工的工作
3. 车辆的调度、试车;工具设备的检查、维护、报告
4. 班组内外部的协调沟通
5. 对本班组内的一切安全、质量问题负责
6. 对班组内部进行技术指导、培训

任职要求	知识结构:中专以上学历汽车维修专业毕业
	工作经验:至少3年基层维修工作经验
	技能要求:1. 掌握各种现代汽车诊断仪器的使用 2. 掌握基本的计算机操作 3. 驾驶技术熟练 4. 语言、文字表达能力良好
	综合素质要求:语言表达能力强,善于人际沟通,果断,预见能力强,忍耐力强,变通,诚实
	其他相关要求:形象良好

19) 洗车班组。负责洗车及车辆美容工作。具体的岗位职能和任职要求见表1-22。

表 1-22　洗车工的岗位职能和任职要求

| 所属部门:售后服务部 | 职务:洗车工 |
| 直接上级:车间主管 | 直接下级:无 |

岗位职能描述:在前台主管的领导下,完成维修车辆及商品车的清洁美容工作

任职要求	知识结构:初中以上学历
	工作经验:1年以上汽车清洗与美容工作经验
	技能要求:掌握洗车工具的使用,持 C1 或以上驾照,有一定的语言表达能力
	综合素质要求:语言表达能力强,善于人际沟通,忍耐力强,诚实
	其他相关要求:形象良好,身体强健

20) 计划员。负责零部件采购的计划工作。具体的岗位职能和任职要求见表1-23。

表 1-23　计划员的岗位职能和任职要求

所属部门:售后服务部	职务:计划员
直接上级:零部件主管	直接下级:无

岗位职能描述:
1. 负责修理厂零部件部的零部件计划工作,对零部件主管负责,保持修理厂零部件供应
2. 保持与客户中心的良好沟通,时刻掌握配套公司的订货情况及价格变化

任职要求	知识结构:汽车专业中专以上,非汽车专业大专以上学历
	工作经验:3 年以上零部件工作经验
	技能要求:熟练运用计算机,掌握现代化办公软件,有英语基础
	综合素质要求:语言表达能力、组织计划能力、执行应变能力
	其他相关要求:工作认真细心,能承受一定压力

21）仓管员。负责零部件的进库、出库及库存管理。具体的岗位职能和任职要求见表 1-24。

表 1-24　仓管员的岗位职能和任职要求

所属部门:售后服务部	职务:仓管员
直接上级:零部件主管	直接下级:无

岗位职能描述:
1. 修理厂使用零部件及其他材料和工具的进库、出库,维护工作
2. 对零部件仓库的安全、卫生、管理进行日常工作安排

任职要求	知识结构:汽车专业中专以上,非汽车专业大专以上学历
	工作经验:1 年以上维修厂零部件仓库管理工作经验
	技能要求:熟练运用计算机,掌握现代化办公软件,有英语基础
	综合素质要求:语言表达能力强、执行应变能力强,工作认真细致,责任心强
	其他相关要求:有驾照

22）客服专员。负责客户预约、回访及客户投诉信息的收集。具体的岗位职能和任职要求见表 1-25。

表 1-25　客服专员的岗位职能和任职要求

所属部门:售后服务部	职务:客服专员
直接上级:客服主管	直接下级:无

岗位职能描述:
1. 做好客户档案的管理及客户的定期预约及回访工作
2. 负责客户反馈/投诉的信息收集,并做好电话投诉客户的安抚工作

任职要求	知识结构:汽车类/营销类/管理类大专以上学历,具有服务管理等知识体系
	工作经验:1 年以上客户服务工作经验
	能力要求:熟练运用办公软件,普通话标准,具备统计分析能力
	综合素质要求:积极热情、责任心强;具有较强的沟通、协调能力,以及良好的团队合作精神;性格开朗
	其他相关要求:声音亲和力强

23）客休区服务员。负责客休区服务工作。具体的岗位职能和任职要求见表1-26。

表1-26 客休区服务员的岗位职能和任职要求

所属部门:售后服务部	职务:客休区服务员
直接上级:客服主管	直接下级:无

岗位职能描述:
1. 负责客休区的整洁维系
2. 负责客休区客户的服务工作

任职要求	知识结构:掌握客户服务、5S及服务礼仪等知识体系
	能力要求:具备5S及服务能力
	综合素质要求:积极热情、亲和力强、责任心强;性格开朗
	其他相关要求:形象良好

任务实施

1.4 汽车售后服务企业现场参观与岗位介绍

1.4.1 汽车售后服务企业布局与岗位介绍准备

1. 场地准备

（1）企业场地（现场）总体布局。

（2）各车间与岗位布局（含场地、设备/设施）。

2. 角色准备

根据企业的32个岗位（见图1-28），分配每个学生担任几个角色，熟悉所任岗位的场地、设备/设施、岗位职责等，准备好相应的台词。

3. 其他准备

根据工作需要，准备相应的工作服、道具、表格等。

1.4.2 汽车售后服务企业现场参观

企业培训师带领实习生参观并介绍售后服务企业总体布局与各车间、工作岗位的场地、设备/设施和岗位职责等。

1.4.3 岗位介绍演练

以汽车维修车间主管岗位为例，其他岗位可参照实施。

1. 车间主管

（1）带领实习生参观汽车维修车间总体布局。

（2）介绍车间汽车维修车间中各种设备/设施安装位置及注意事项以及设备/设施的用

途、性能与使用方法、注意事项。

（3）介绍汽车维修车间组织架构与管理。

（4）介绍汽车维修车间主管岗位职能和任职要求。

（5）展示汽车维修车间主管的各种工作凭证（如车间年度、月度工作目标、工作计划，各种报表、总结，制定的各种规程、流程和规定等）。

2. 其他各岗位（略）

任务总结

1. 国内汽车售后服务企业经营模式主要有汽车 4S 店、快修店和汽车维修个体户 3 种。

2. 美国主要的汽车售后服务经营模式有特许经营和直营连锁两种模式。日本汽车售后服务经营企业呈现小而精的特点。

3. 汽车售后服务站总体布局主要包含维修接待区、维修车间区、销售展厅和附属设施 4 个区域。维修接待区包括维修接待车位、维修接待前台和客户休息区 3 个区域；维修车间包括调度室、快修工位、机修工位、轮胎及四轮定位工位、完工和检测工位、钣金工位、钣金拆件室、打磨工位、抛光工位、大梁校正工位、喷漆维修工位、调漆室、零部件仓库、总成分解室、机修拆件室、工具室和培训室等；附属设施包括停车场、洗车工位、卫生间、一般废物室、废油存放室、车间消防系统、油水分离槽和污水处理系统等。

4. 汽车售后服务站主要有 5 个业务领域共 23 个职能岗位（图 1-28）。

作 业

完成"学习工作页"1.1~1.13 各项作业。

任务 2
汽车维修接待服务流程

学习目标

1. 掌握汽车维修接待服务总体流程。

2. 熟悉汽车维修服务标准与技术要求。

3. 学会维修预约、招揽、维修接待、作业估价、作业管理、质量检查、交车、跟踪回访和客户意见处理各流程的实施技能。

4. 培养良好的职业道德、团队精神与安全、环保意识。

任务描述

实习生小李等8人到耀华汽车4S店实习，经过培训部陈主任的首次培训，已经初步了解汽车售后服务企业的经营模式及管理体系。接下来的任务是分别到汽车维修接待服务各个流程工位进行实践。

任务准备

2.1　汽车维修接待服务流程信息收集

1. 汽车维修接待服务流程的标准化及关键词

（1）汽车维修接待服务流程标准化

汽车维修接待服务存在着服务水平不稳定、工作方式因人而异、共识不足及沟通不畅等问题，而解决这些问题最有效的办法就是将服务流程标准化。

以广汽传祺汽车销售有限公司为例，他们构建了自己的核心服务流程七步法，用以指导4S店售后服务，以保证客户能得到标准统一的优质服务，这不但有利于树立统一的汽车厂家的售后服务形象、提高4S店的售后市场竞争力，同时，也能促使企业内部所有成员共同为提高客户满意度而努力，建立起满意、贴心的客户关系。

（2）贯穿服务流程的关键词

1）一对一服务　作为客户与售后各部门之间的沟通桥梁，服务顾问是贯穿核心服务流程的关键人员。一对一服务要求服务顾问在客户来店体验售后服务的过程中全程陪同，细致了解客户的需求，并且能从细节上为客户提供个性化的售后服务。同时，服务顾问应立足于技术并了解售后工作的全局，代表客户将其需求传达到售后的相关部门，使前台、车间、零部件部门与客户之间的沟通渠道保持畅通，保证客户得到安心、尊贵的服务体验。

2）质量检查　质量是4S店售后部门的根本。维修质量的水平需要每个售后服务人员的工作努力、互相配合，任何一个工作环节的缺失都会影响整个工作流程的开展和服务质量的下降。

2.2　汽车维修接待服务流程

汽车维修接待服务流程依不同企业有所不同，汽车维修接待服务的一般流程如图2-1所示。

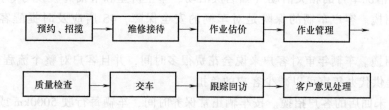

图2-1　汽车维修接待服务的一般流程

1. 预约、招揽

（1）预约　预约的相关内容如下：

1）预约的重要性：

① 有效缩短客户在店的等待时间，安排符合客户意愿的服务方式，提供优质迅速的服务。

② 缓解高峰期的工作压力，提高车间作业效率，进而提高 4S 店的收益。

2）客户期望：

① 减少在店的等待时间，服务快捷方便。

② 以客户想要的时间安排预约，服务的时间、场地和方法要站在客户的立场考虑。

③ 有专业人员对客户的车辆进行关怀。

3）预约分类。预约有 4S 店主动预约和客户主动预约两种。前者是 4S 店根据客户资料，主动邀请并预约客户前来保养或维修。后者是客户主动与 4S 店联系确认保养或维修项目，并约定来店的时间。

（2）招揽　招揽的相关内容如下：

1）招揽的重要性。招揽是指 4S 店主动把客户招引来，通过多种方法培养和增强客户定期保养及正确使用车辆意识。

2）招揽客户的技巧：

① 招揽方法灵活多变，通常有以下几种：信函及光盘等宣传资料；服务顾问口头传达；店内海报宣传；车主课堂等。

② 招揽话术要灵活。话术的表达不应让客户有被强迫消费的感觉，而应体现出充分的关怀。

③ 形式要有创意。招揽活动要让客户感受到有价值、有新意，可以开展多种营销方式，如会员、礼品、积分等。

3）招揽种类：

① 首次保养招揽。新车行驶 5000km 或 3 个月（以先到者为准）需要进行首次保养。由于客户对车辆维护缺少了解，为培养客户良好的用车习惯，4S 店应主动了解客户车辆的使用情况，并适时提醒客户进行首次保养。

② 定期保养招揽。为保证车辆良好的运行状况和延长车辆使用寿命，首次保养后，车辆每行驶 5000km 或 3 个月（以先到者为准）需要进行保养。具体内容参考 4S 店主动预约标准执行。

③ 主题活动招揽。主题活动包括厂家每年统一开展的活动（包括服务月），以及 4S 店根据自身经营情况举行的相关活动（如店庆活动、车主讲堂和节油驾驶技巧等）。

④ 续保招揽。客户车辆的保险是对车辆的安全保障，4S 店应及时提醒客户做好续保工作。

⑤ 年审招揽。车辆年审对客户来说会花费很多时间，并且客户对整个流程也未必了解，4S 店为客户提供代办年审可以减少客户的负担。

⑥ 6 个月未回店的客户招揽。按车辆正常保养时间，车辆每行驶 5000km 或 3 个月（以先到者为准）需进行保养。6 个月未回店说明客户至少有 1 次未回店保养，理论上该客户有流失的可能。因此，对 6 个月未回店的客户，4S 店应引起重视，及时联系，了解客户未回店的原因，做好应对措施

⑦ 即将出保修期车辆的客户招揽。过了保修期后的部分客户会因为保修期结束而流失，

4S店应对即将出保修期车辆的客户重点关注，相应地提供有价值的活动吸引这些客户继续来店。

⑧召回及市场措施招揽（为特殊招揽）。对厂家召回及市场措施活动的目标客户进行招揽是体现客户关怀的重要手段。具体执行参照厂家的相关招揽规定。

（3）预约、招揽的关键词　预约、招揽的关键词如下：

1）**信息准确**：必要信息（如客户资料、车辆信息、维修履历、销售日期）的准确性是预约流程能否正常开展的前提，没有准确的客户信息，将极大地影响售后流程的开展。

2）**绝无遗漏**：销售店使用数据库管理系统（Database Management System，DMS），向客户提供"无遗漏"的定期保养提醒等招揽服务。预约服务必须明确预约目标客户群，招揽专员要熟练操作DMS，还要有每日工作计划的意识。

3）**适时提醒**：招揽的时机会影响到招揽工作的效果，招揽专员必须在合适的时间使用合适的方式向客户进行招揽。以不影响休息、不影响吃饭及不影响私人时间为原则（不同地区以当地生活习惯为准）。

4）**沟通流畅**：对于预约客户的信息，招缆专员以表格形式转发至相关业务部门（前台、车间、零部件部门），相关业务部门提前做好准备应对工作，各个环节缺一不可，没做、出现断链就相当于前期工作白干。

（4）预约、招揽的流程　预约、招揽的流程（以首保、定期保养和年审预约为例）如下：

1）首保预约、招揽流程如图2-2所示。

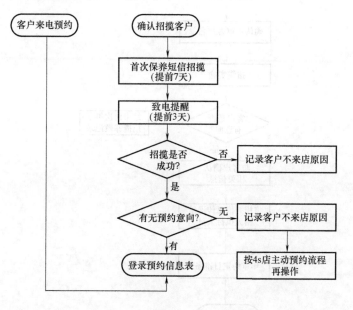

图2-2　首保预约、招揽流程

2）定期保养预约、招揽流程如图2-3所示。

3）年审招揽流程如图2-4所示。

（5）招揽、预约环节的基本内容　以首保、定期保养和年审预约为例，见表2-1。

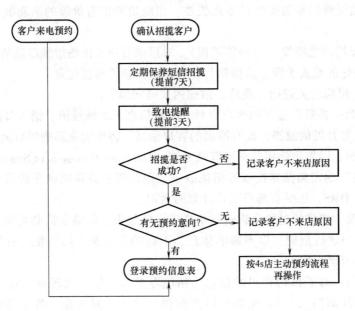

图 2-3 定期保养预约、招揽流程

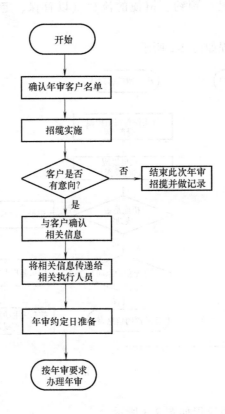

图 2-4 年审招揽流程

表 2-1　招揽预约环节的基本内容

环节	程序	担当	完成区域	时间控制/min	操作步骤	工具提示
招揽客户	首保招揽	客服专员	客服中心	适时	1. 客户信息确认 2. 首次保养招揽 3. 电话预约	1. 新客户资料 2. 电话 3. 预约管理界面
	定期保养招揽	客服专员	客服中心	适时	1. 定期保养招揽 2. 电话预约	1. 系统的客户资料 2. 电话 3. 预约管理界面
	年审招揽	客服专员	客服中心	适时	1. 确认年审招揽客户名单 2. 电话招揽 3. 相关信息记录与传递 4. 年审招揽执行日准备	1. 客户资料 2. 电话 3. 信息单
预约服务	销售店主动预约	客服专员	客服中心	3	1. 招揽 2. 电话预约	1. 系统的客户资料 2. 电话 3. 预约管理界面
		服务顾问、车间零部件引导人员	前台、车间零部件存放区	适时	1. 预约确认（预约前一天） 2. 预约前一天准备 3. 预约日执行	1. 预约排班表 2. 预约管理看板 3. DMS
	客户主动预约	客服专员	客服中心	3	接听预约电话	1. 电话 2. 预约管理界面
		服务顾问、车间零部件引导人员	前台、车间零部件存放区	适时	1. 预约确认（预约前一天） 2. 预约前一天准备 3. 预约日执行	1. 预约排班表 2. 预约管理板 3. DMS

2. 维修接待

（1）维修接待的重要性　维修接待的重要性如下：

1）"接待"是服务人员给客户留下良好的第一印象的"关键时刻"。迅速、热情、友好、专业的接待能够体现对客户的尊重和关心，将给客户留下深刻的印象，赢得客户的信赖。

2）在与客户接触的过程中，诊断环节是展现服务顾问专业形象和建立客户信心的最佳时机，只有服务顾问认真、准确地执行问诊工作，挖掘客户的需求，提供有帮助的建议，才能保证客户满意及车间的维修质量和维修效率。

3）一对一服务可从细节上为客户提供个性化的售后服务，保证客户得到安心、尊贵的服务体验。

（2）客户期望　客户期望如下：

1）迅速出迎、热情服务、受到尊重、公平对待。

2）仔细倾听客户对车辆故障的描述和维修需求。

3）认真专业地主动询问。

4）当面做进一步的实车检查，明确故障原因。

5）主动检查出车辆的其他故障问题。

（3）接待关键词　接待关键词如下：

1）**出迎迅速**：客户到店时引导员应该迅速出迎。

① 为保证出迎迅速，要求出迎接待台不能空置。

② 站在适当位置问好，并告知客户停车位置。

③ 引导客户停车（站在车左前方安全范围内引导）。

2）**待客有礼**：使用礼貌用语，保持亲切笑容，动作麻利，体现出专业、干练的形象。

3）**询问细致**：询问客户时必须尽量细致、完整，车间将以此为依据对车辆进行检查和维修。询问时，运用 5W2H 原则，以客观角度进行询问，善于开放式、封闭式等询问方法引导客户回答。

4）**耐心倾听**：必须耐心倾听客户对故障的陈述，让客户感受到服务顾问对自己的关注。倾听过程中，服务顾问不打断，点头示意，表情动作应与回答时的语言一致。

5）**如实记录**：做完环车检查之后应检视并与客户确认维修需求，确保记录与客户意愿无偏差。

① 客户需求原话记录。

② 复述并确认客户需求无遗漏。

③ 环车检查时注意容易忽略的地方，做好记录并与客户确认。

④ 打开行李舱前必须告知客户并得到允许，发现缺损处必须当面与客户确认并记录。

⑤ 必须向客户做贵重物品自行保管的提示，并在检查单上做好确认记录。

⑥ 记录时应做到字体清晰，排列有序。

⑦ 服务顾问签名必须工整，以示对客户的尊重。

（4）维修接待流程　维修接待流程如图 2-5 所示。

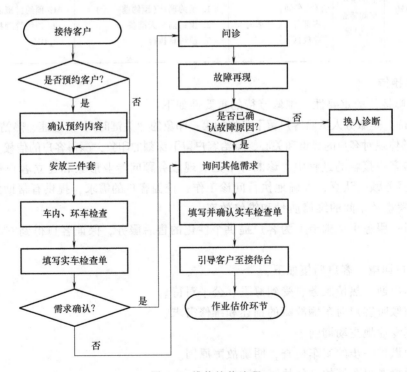

图 2-5　维修接待流程

（5）接待环节设置　接待环节设置见表 2-2。

表 2-2　接待环节设置

环节编号		程序	担当	完成区域	时间控制/min	操作步骤	工具提示
接待	1	行礼	保安	大门口区域	0.5	1. 行礼 2. 初步确认	
	2	迎接	引导人员	售后服务接待区域	1	1. 问候 2. 确认来意	对讲机 预约管理板 预约排班表
	3	需求确认	服务顾问	接待区	3	1. 确认来意 2. 辨别故障 3. 记录故障	对讲机 接车工单夹 实车检查单 汽车维修三件套 座椅定位贴
	4	环车检查	服务顾问	接待工位	<5	1. 检查车内 2. 检查外观、轮胎 3. 检查发动机舱 4. 检查行李舱 5. 检查结果说明	实车检查单 接车工单夹板 手套、抹布

备注：引导人员定义为 4S 店负责引导来店维修保养车辆的人员，可以是服务顾问，也可以是专职的人员。

3. 作业估价

（1）作业估价的重要性　作业估价的重要性如下：

1）作业估价流程是标准服务流程中与客户明确维修时间和费用的环节。服务顾问应了解客户车辆维修/保养项目，同时将所需时间和费用逐项解释清楚，展现专业、诚心、负责的态度，履行对客户的承诺，建立客户的信赖感。

2）除了对车的服务，4S 店对人的服务也同样重要。车辆作业时，不但要关注车辆的维修进度，同时也要关注客户的动向和需求，让客户放心。通过过程关怀，消除客户的疑虑，让客户感到安心是此环节的关键。

（2）客户期望　客户期望如下：

1）准确的时间。

2）合理的价格。

3）清晰的解释。

（3）作业估价关键词　作业估价关键词如下：

1）**准确诊断**：结合接待环节，服务顾问问诊清楚，并对客户进行恰当的解释说明，客

户确认维修项目；若有不能确定维修项目的情况，则应将相关信息准确地传递至车间，车间主管根据故障情况将诊断任务分派给合适的技师。

2）**零部件充足**：零部件人员应对零部件使用量进行分析，及时订货，保证常用的零部件充足。零部件缺货时，服务顾问应与客户说明，确认处理方法。

3）**精确估价**：故障诊断清楚后，由有一定资质的人员（班长、主管或技术工程师）出具正式的诊断报告，并结合报告向服务顾问做好解释说明工作。

① 清晰地描述故障原因。

② 提供清晰的维修方案或维修建议。

③ 提供确切的维修时间。

④ 明确维修项目及零件。

4）**清晰说明**：服务顾问应向客户逐项说明维修项目的工时、零件等相关信息。

① 若零件无货，应向客户做相关解释说明。

② 说明旧件的处理方式。

③ 告知客户维修时间（在合理时间范围内适当延长，为车间预留处理的时间）。

（4）**作业估价流程** 作业估价流程如下：

1）维修项目确定流程如图 2-6 所示。

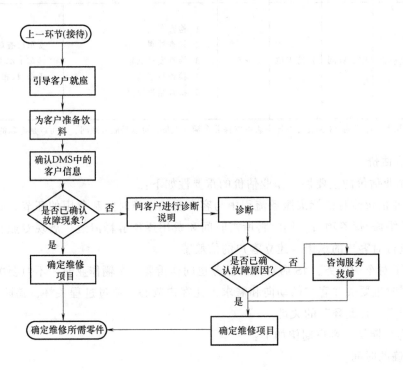

图 2-6 维修项目确定流程

2）零件确定流程如图 2-7 所示。

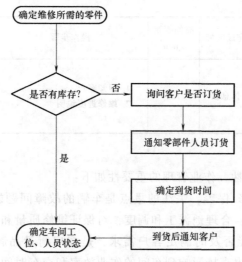

图 2-7　零件确定流程

（5）作业估价的环节设置　作业估价的环节设置见表 2-3。

表 2-3　作业估价的环节设置

环节	编号	程序	担当	完成区域	时间控制/min	操作步骤	工具提示
作业估价	1	诊断	服务顾问	接待工位	适时	接待工位故障诊断	实车检查单 简单的工具
			高级顾问	诊断工位	适时	诊断工位故障诊断	实车检查单 诊断设备及工具
	2	估价单做成	服务顾问	接待大厅	5	1. 引领客户 2. 服务项目说明 3. 制作、解释估价单	实车检查单 作业卡 估价单 DMS，EPC
	3	其他事项确认	服务顾问	接待大厅	0.5	1. 交车程序说明 2. 等待方式确认	实车检查单 估价单 DMS，EPC
客户安顿	4	引领客户	服务顾问	接待大厅	0.5	引导客户至休息区	
	5	介绍客户	服务顾问、休息区服务人员	休息区	0.5	1. 介绍客户 2. 提醒客户	
	6	休息安排	休息区服务人员	休息区	2	1. 引导客户 2. 环境与设施介绍（首次来店客户） 3. 客户就座	

（续）

环节编号		程序	担当	完成区域	时间控制/min	操作步骤	工具提示
客户安顿	7	过程关怀	服务顾问	休息区	1.5	1. 通知客户 2. 维修进度说明	DMS

4. 作业管理

（1）作业管理的重要性　作业管理的重要性如下：

1）客户车辆来店维修/保养，关注的重点是车辆的故障问题能否一次维修好，并且在最短的时间内交车。因此，合理地派工和调度，对保证维修质量和按时完工非常重要。

2）售后零部件库存能否及时满足客户需求，是客户衡量品牌服务是否良好的关键指标。而零部件出库时间，也直接影响到车间的作业效率和交车时间。

（2）客户期望　客户期望如下：

1）及时派工，及时维修，按时交车。

2）故障问题一次维修好。

3）车辆不被刮花、脏污。

（3）作业管理的关键词　作业管理的关键词如下：

1）**每日点检**：车间主管每日应检视车间状况，以确定车间派工工作，提高准时交车率。

① 早、午、晚三次对车间整体车辆情况（维修类型、维修项目、待料车辆、滞留车辆）、人员、工具设备等进行了解。

② 工具适当调整以确保次日生产能力最大化。

③ 保证设备的使用性能。

2）**合理派工**：平均派工，班组之间的技能素质应保持一致；任务量平均的情况下，多劳多得；结合维修项目进行合理安排。

3）**规范作业**：作业前，应做好车辆保护（如翼子板护罩），严格按照标准流程、标准工具、标准手法进行施工。三不落地，即工具、零件、油水不落地，要有专门对应收集摆放的位置。

4）**中间检查**：班长、主管、工程师对整体作业状况有所了解，并适时点检，最大限度地保证因作业失误造成的质量问题不会流入下一环节。

5）**准时完工**：在合理派工的前提下，按照施工项目，按质按时完工。但在明确不能准时交车的时候适时与服务顾问沟通，预留时间向客户做相关的解释说明。

（4）作业管理流程　作业管理流程如下：

1）接受工单的流程如图2-8所示。

2）维修实施流程如图2-9所示。

3）追加项目流程如图2-10所示。

（5）作业管理环节设置　作业管理环节设置见表2-4。

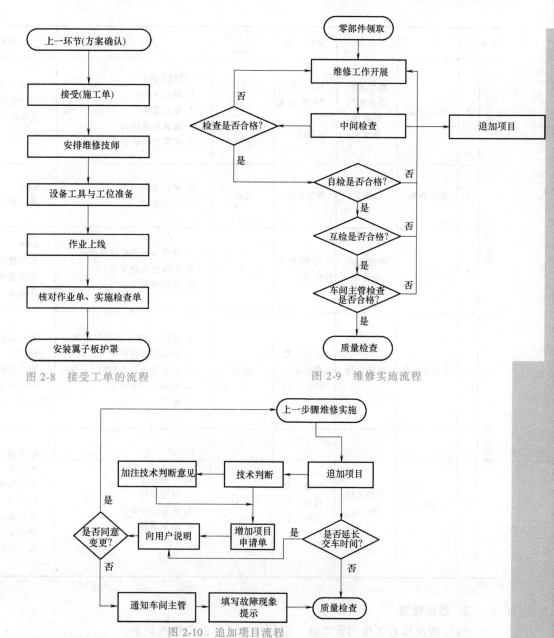

图 2-8 接受工单的流程

图 2-9 维修实施流程

图 2-10 追加项目流程

表 2-4 作业管理环节设置

环节	编号	程序	担当	完成区域	时间控制 /min	操作步骤	工具提示
接受工单	1	合理派工	服务顾问 调度员	接待工作台	0.5	（非预约车辆） 1. 确定工位 2. 分配工位 3. 派工信息输入 DMS（预约车辆）	快修车辆 派工看板 DMS 电子作业管理系统 实车检查单 作业卡

（续）

环节	编号	程序	担当	完成区域	时间控制/min	操作步骤	工具提示
接受工单	2	车辆交接	移车人员 服务顾问 调度员 班组长	接待工作台 快修/维修工位 待修区	1	（预约车辆） 1. 确认工位 2. 移动车辆 3. 确认维修项目 4. 安装翼子板护罩	预约车顶牌 预约管理板 实车检查单 作业卡
零部件出库	3	预约备料	仓管员	零部件仓库	适时	1. 系统查询 2. 提前备料	DMS 预约零部件标签
零部件出库	4	出库	维修人员 仓管员	零部件领料窗口	3	1. 作业卡零部件信息确认 2. 制作出库指示单 3. 零部件出库	DMS 实车检查单 出库指示单 作业卡
维修实施	5	作业前准备	维修人员	快修工位 维修工位 预约工位	适时	1. 作业卡/实车检查单审查 2. 确认实车检查单 3. 开工信息输入DMS（上线） 4. 设备工具准备 5. 铺翼子板护罩	翼子板护罩 作业卡 实车检查单 电子作业管理系统终端
维修实施	6	作业实施	维修人员 调度员	快修工位 维修工位 预约工位	适时	1. 作业实施 2. 进度监控 3. 作业内容确认 4. 追加项目	旧件袋 作业卡 实车检查单 保养确认单 预约排班表 增加项目申请单 电子作业管理系统

5. 质量检查

（1）质量检查工作的重要性　质量检查工作的重要性如下：

1）故障能够一次修好是客户最基本的期望。销售店必须重视完工检查，严格把关，保证整个维修/保养彻底完成，方能赢得客户信赖。

2）车辆清洗效果最容易被客户感知，维修/保养后，一辆干净整洁的汽车能够加深客户的印象。

（2）客户期望　客户期望如下：

1）故障问题能一次排除，严格检验，保证质量。

2）提到的需求应全部满足。

3）车辆清洗时间合理，交车时车辆干净整洁。

4）车辆无损伤，车内设施无变动。

（3）质量检查的关键词 质量检查的关键词如下：

1）**三级检验**：自检：维修技工在完工后应做自检；班组检：维修技工所在班组长在完工后做检查；总检：车辆移交质检员后进行总体检查。

2）**检查细致**：各级检查都应对检查项目进行点检，对于不符合要求的检验项目绝对不能通过。通过检测线检查、路试检查等方式不确定的项目进行检查确认。

（4）质量检查流程 质量检查流程如下：

1）完工检查流程如图 2-11 所示。

2）交车前准备流程如图 2-12 所示。

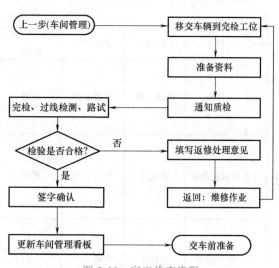

图 2-11 完工检查流程

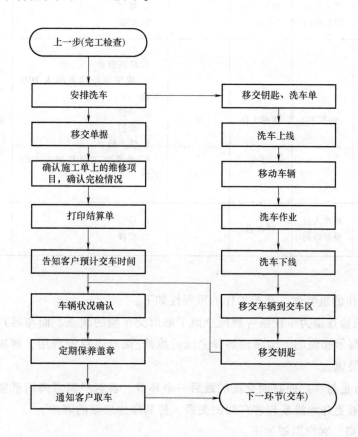

图 2-12 交车前准备流程

（5）质量检查环节设置 质量检查环节设置见表 2-5。

表 2-5　质量检查环节设置

环节	编号	程序	担当	完成区域	时间控制/min	操作步骤	工具提示
三级检验	1	自检	维修人员	作业工位	适时	1. 作业内容再确认 2. 维修质量检查 3. 工具设备检查	作业卡、实车检查单、保养确认单
	2	班组长检查	班组长	作业工位	适时	1. 作业内容确认 2. 维修质量检查 3. 完工信息输入 DMS 系统（下线）	作业卡、实车检查单、保养确认单、电子作业管理系统终端
	3	完工检查	完检员	完检工位	5	1. 完检信息输入 DMS 系统 2. 作业项目确认 3. 维修质量确认	作业卡、实车检查单、保养确认单、返工记录表、电子作业管理系统
交车前准备	4	清洗前交接	移车人员服务顾问	洗车工位接待台	1	1. 移车 2. 交接	工单
	5	车辆清洗	洗车工	洗车工位	5	1. 清洗指示 2. 清洗开始信息输入 DMS 系统 3. 清洗 4. 清扫 5. 洗车检查 6. 清洗完工信息输入 DMS 系统	洗车机、高压喷枪、泡沫机、吸尘器、压缩空气枪、洗衣机、甩干机、毛巾架、海绵、水桶、泡沫清洗液、毛刷、玻璃清洗液、毛巾、洗车检查表、发动机面清洗液
	6	清洗后交接	移车人员服务顾问	接待台	1	1. 移车 2. 交接	

6. 交车

（1）交车工作的重要性　交车工作的重要性如下：

1）交车前的检查是为了让服务顾问全面了解所交车辆的状态，而与客户一起验车的目的是通过充分的展示和说明，清晰地解释完成的维修/保养项目的费用，解决客户关心的问题，减少客户的疑虑。

2）交车送行是与客户面对面交流的最后一个环节。若客户满意离店就能增加再次来店的机会，并且能够更好地维系与客户间的关系，使其成为忠诚的客户。

（2）客户期望　客户期望如下：

1）准时完成。

2）清晰解释。

3）提醒和告知。

4）方便迅速，礼貌热情。

（3）交车的关键词　交车的关键词如下：

1）**准时交车**：准时交车是对客户最基本承诺的兑现，体现了整体售后服务水平的高低，对客户满意度有很大的影响。

① 车辆完工后应及时通知客户取车。

② 约定的交车时间应与预定完工时间有所区别，预留时间应付突发状况。

③ 除非客户要求，否则不可提前交车。

2）**准确说明**：准确地向客户说明维修后的各个事项，有利于清除客户的疑惑。

① 车况说明：车辆仪表状况、具体数据。

② 费用说明：工时零件费用、总费用。

③ 效果说明：说明已施工项目，实车确认维修保养后的效果。

3）**友善建议**：在交车时向客户做适当友善的建议，有利于拉近服务顾问与客户的距离，提高客户满意度。

4）**提示**：下次保养提示、回访提示、预约提示，季节性、地域性的日常使用注意事项。

5）**全程陪同**：服务顾问必须负责陪伴客户完成整个交车流程，并解决其中出现的问题，直到恭送客户离店为止。

（4）交车流程　交车流程如下：

1）维修说明流程如图 2-13 所示。

2）付费流程如图 2-14 所示。

3）恭送客户流程如图 2-15 所示。

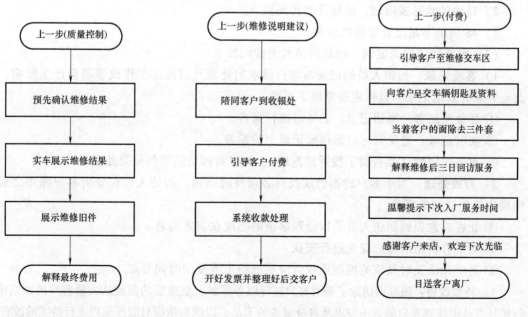

图 2-13　维修说明流程　　　　图 2-14　付费流程　　　　图 2-15　恭送客户流程

（5）交车环节设置　交车环节设置见表2-6。

表2-6　交车环节设置

环节	编号	程序	担当	完成区域	时间控制/min	操作步骤	工具提示
交车	1	交车前检查	服务顾问质检人员	完工车位或交车位	2	1. 结算单制作 2. 服务顾问验车 3. 维修说明和建议	实车检查单、施工单
	2	服务项目展示	服务顾问	交车区、结算区	5	1. 当面通知客户 2. 效果确认	实车检查单、施工单、抹布、手套、旧件袋、旧件展示架
	3	付款	服务顾问收银员	结算区	3	1. 解释说明 2. 陪同结算 3. 结算信息输入DMS系统	结算单、保养确认单
恭送客户	4	送行	服务顾问保安	交车区、大门口	0.5	1. 引领客户 2. 协助离店	放行条

7. 跟踪回访

（1）跟踪回访工作的重要性　通过跟踪回访服务表达对客户来店的真诚感谢；及时了解客户维修/保养后的车辆使用情况，如果存在问题，可以迅速采取应对措施；同时收集客户对4S店服务的评价，帮助提升服务质量。

（2）客户期望　客户期望如下：

1）4S店对客户和车辆使用情况的关注。

2）反映的意见或问题，能够及时得到回应。

3）4S店的不足之处能得以改善。

（3）跟踪回访的关键词　跟踪回访的关键词如下：

1）**客观记录**：回访人员的记录对客户诉求的处理及后续的工作改善都会产生影响，因此应客观有效地记录，具体应遵循以下原则：

①尽量使用客户原话记录，必要时进行录音。

②实时记录，避免因忘记而造成记录上的偏差。

③对陈述定性（是否属于投诉或抱怨），便于对回访结果的分类处理。

2）**有效处理**：对于客户的抱怨或投诉必须及时处理，回访人员在分析客户陈述之后应明确应优先处理的事项。

①让客户意识到回访人员是以处理事情的态度在与之沟通。

②对于有情绪的客户应先进行安抚。

③对于无法及时处理的抱怨或投诉应明确给出答复的时间节点。

3）**持续改善**：跟踪回访除了是对客户进行服务了解，更重要的是能从大量客户的回访中进行统计并从中找到客户的真正需求及自身服务的不足，以此为依据对服务流程进行持续的改善。

（4）客服中心的定位　客服中心定位如下：

1）客服中心作为跟踪回访的直接执行部门，其理想定位应该是独立的、总经理直辖的部门，而不应该成为其他部门的附属机构。

2）客服中心是收集客户信息（意见、建议、投诉）的窗口，这些信息是4S店进行自我改善的源泉，如CS改善等。总经理对客服中心重要性的理解和明确定位是CS改善活动成功开展的关键。

（5）对跟踪服务的正确认识　对跟踪服务的正确认识如下：

1）客服中心通过跟踪回访挖掘客户的心声，会发现相关部门的很多不足，所以有可能被4S店内的其他部门孤立。总经理绝对不能任由其被孤立，要在明确客服中心定位的基础上，使其工作得到全店员工的协助和理解。

2）总经理不能单纯地要求客服中心减少客户抱怨，不能把客户的抱怨和投诉数量作为考核指标，而是应该将客户的意见和抱怨当作改善的机遇。不能错误地将客服中心工作人员看作告密者，总经理应努力在店创造坦诚的听取客户意见和要求的良好氛围。

（6）跟踪回访及返修流程　跟踪回访及返修流程如下：

1）跟踪回访流程如图2-16所示。

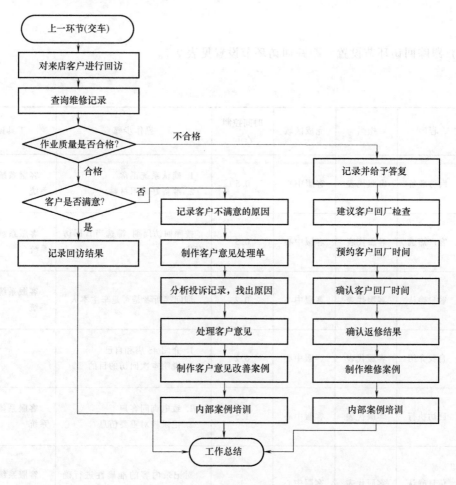

图 2-16　跟踪回访流程

2）返修流程如图 2-17 所示。

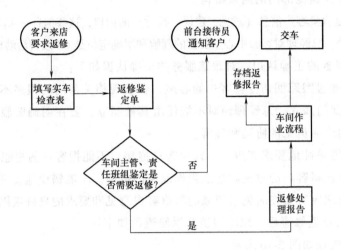

图 2-17　返修流程

（7）跟踪回访环节设置　跟踪回访环节设置见表 2-7。

表 2-7　跟踪回访环节设置

环节	编号	程序	担当	完成区域	时间控制/min	操作步骤	工具提示
跟踪回访	1	回访准备	客服代表	客服中心	0.5	1. 确认系统正常 2. 准备好常用材料	客服系统或 DMS 系统
	2	客户筛选	客服代表	客服中心	0.5	按照回访周期,筛选当日回访客户	客服系统或 DMS 系统
	3	客户确认	客服代表	客服中心	0.2	询问接听者是否是车主本人	客服系统或 DMS 系统
	4	自我介绍	客服代表	客服中心	0.2	1. 介绍 4S 店和自己 2. 说明本次回访的目的	
	5	回访执行	客服代表	客服中心	1.5	1. 致电询问客户 2. 记录核对重要信息	客服系统或 DMS 系统
	6	信息确认	客服代表	客服中心	1	对记录内容的准确性进行确认,确保没有遗漏	客服系统或 DMS 系统

（续）

环节	编号	程序	担当	完成区域	时间控制 /min	操作步骤	工具提示
跟踪回访	7	投诉管理	客服代表	客服中心	适时	记录客户投诉内容,生成投诉处理表,进入投诉处理流程	客服系统或 DMS 系统

8. 客户意见处理

（1）客户意见处理工作的重要性　客户意见处理工作的重要性如下：

1）客户投诉未妥善处理将对公司品牌形象、产品形象造成负面影响，难以维护良好的客户关系，最终将影响公司的长远利益。

2）客户投诉对产品和服务有鞭策和促进改善的重要作用。

3）客户投诉得到妥善解决，客户将变成更加忠诚的客户，从而树立更加良好的口碑，提升品牌形象。

（2）客户期望　客户期望如下：

1）倾听与理解。

2）情感弥补（歉意）。

3）补偿损失。

4）快速高效地解决问题。

（3）投诉来源的分类　投诉来源如下：

1）在店投诉：客户因对产品或服务不满，在店现场提出投诉，要求解决。

2）来电投诉：客户因对产品或服务不满，致电客服中心/CR 部投诉。

3）厂家转交投诉：客户因对产品或服务不满，致电厂家客服中心投诉，厂家客服中心将客户投诉单下发至 4S 店客服中心/CR 部及业务部门经理。

4）其他来源投诉：消协、工商、质检和媒体等部门转交客户投诉。

（4）投诉处理要求　投诉处理要求如下：

1）用心聆听客户诉求，诚恳友好地沟通，快速高效地解决客户诉求，确保客户"十分满意"，维系良好的客户关系。

2）一般在店投诉应在当天处理完结并将客户投诉单存档。

3）来电投诉应在收到客户投诉后 24h 内由业务部门联系安抚客户，3 天内处理完结。

4）厂家转交投诉，责任业务部门经理应在 24h 内联系客户，3 天内处理完结，在自店客服中心/CR 部回访确认客户满意后，将相关结果反馈至厂家。

5）涉政府部门、媒体介入的客户抱怨，应即时（2h 内）报备至厂家客服中心，并由 4S 店总经理、服务经理出面妥善处理。

6）总结分析客户投诉，积极发现问题，不断促进本店服务的改善。

（5）投诉处理流程　投诉处理流程如下：

1）在店投诉处理流程如图 2-18 所示。

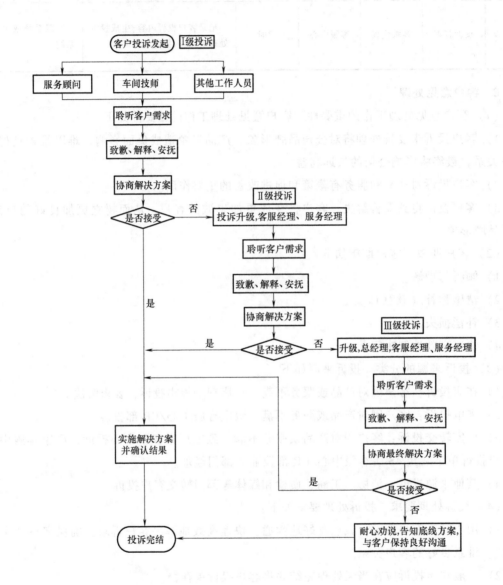

图 2-18　在店投诉处理流程

2）来电投诉处理流程如图 2-19 所示。

3）厂家转交投诉处理流程如图 2-20 所示。

（6）投诉处理环节设置　投诉处理环节设置见表 2-8。

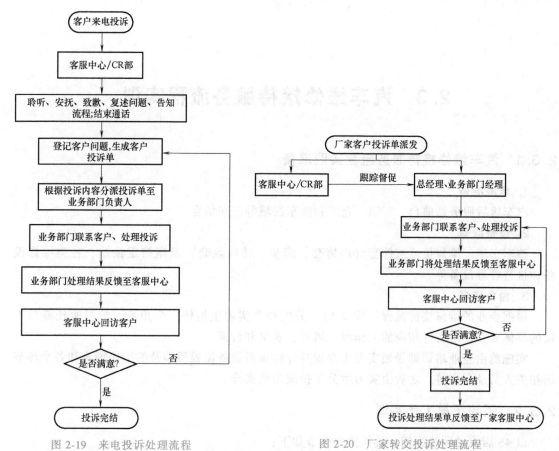

图 2-19　来电投诉处理流程　　　　　图 2-20　厂家转交投诉处理流程

表 2-8　投诉处理环节设置

环节	编号	程序	责任人	完成区域	时间控制	操作步骤	工具提示
客户投诉处理	1	在店投诉	被投诉业务部门担当	客服中心	当天	1. 聆听客户诉求 2. 表达歉意，安抚客户 3. 合理解释，澄清误会 4. 沟通并协商解决方案 5. 执行解决措施	
	2	来电投诉	服务经理、客服主管	店客服中心	3 天内	1. 来电受理 2. 投诉处理 3. 投诉回访	
	3	厂家转交投诉	服务经理、客服主管	厂家客服中心、店客服中心	3 天内	1. 投诉工单的接收与分配 2. 投诉处理 3. 投诉回访 4. 工单结果反馈	

任务实施

2.3 汽车维修接待服务流程实训

2.3.1 汽车维修接待服务流程实践准备

1. 场地准备

汽车售后服务站前台、车间、仓库和洗车区域等工作场合。

2. 设备准备

整车车辆、维修接待三件套（座椅套、脚垫、转向盘套）及座椅定位贴、各类维修设备和接待管理设备等。

3. 角色准备

根据企业的维修接待流程（图2-1），分配每个实习生担任一个角色，学习所任流程工位的具体要求，准备好相应的工作服、道具、表格和台词。

实施前由企业培训师带领实习生参观并介绍售后服务流程所涉及的工作场合和各个环节的相关人员及职责等。之后由实习生分工扮演角色实施。

2.3.2 预约招揽工作实训

以4S店主动预约为例，具体操作细节如下：

1. 招揽环节

1）根据系统提示（图2-21），对当天需进行预约招揽的客户进行确认。

2）对已确认客户寄发信件、短信或邮件（信件或短信的格式可参考教学资源）。

注意事项：

① 信件或邮件发出日期为理论维修保养时间前15天。

② 短信群发时间为理论维修保养时间前7天。

2. 电话预约

1）预约前准备：

① 确认预约客户车辆的保养日期和里程信息。

图2-21 在系统中确认客户是否已经来店

② 在系统中确认客户是否已经来店。

2）开场白：

① 话术1：您好！我是××4S店的客服专员，我叫××，请问是××先生/女士吗？

② 话术2：请问您现在讲话是否方便？

③ 话术：根据资料显示，您的车已到保养××里程，目前我们也通过短信向您做了提醒，

不知您的爱车现在的里程数是多少？不知××先生/女士是否有时间来店做车辆保养？

注意事项：

① 致电的时间为理论维修保养时间前3天。

② 客户已保养可提以下问题：

话术：请问您在什么地方做的保养？能告诉我们您为什么会选择××店呢？非常抱歉打扰您了，我们任何一家4S店都会提供优质的服务，我是客服专员××，祝您愉快，再见！

3）征询客户意见：

① 话术1：我们提供预约服务，您想预约什么时间呢？

② 话术2：××先生/女士，我们为您安排在×天后，也就是下星期×的××时间可以吗？

③ 话术3：那您什么时候方便呢？

注意事项：

① 客户若不来店进行车辆保养，不要纠缠客户。

② 话术：好的，谢谢，没关系，请近期对您的爱车做××km的保养，您也可以去任何一家我公司的4S店，我们都将提供优质的服务，谢谢您，我是客服专员××，祝您愉快，再见！

4）合理分流并确认预约时间：

① 话术1：您看××时间方便吗？

② 话术2：××先生/女士，和您确认一下刚才的内容，您是在下星期×的××时间来店，对车辆做××km的保养，保养时间约为××min，我们将安排××服务人员接待您，同时，也预留了×号工位给您的爱车。

5）提醒：话术：我们会为您保留预约工位15min。如果您临时有事，也请您尽早通知我们，以便我们调整预约时间，我们也会在预约日前一天短信提醒您，您看这样行吗？

6）确认客户的其他需求：话术：您还有其他需求吗？

7）表示感谢：话术：非常感谢××先生/女士对我们的支持，我是客服专员××，祝您愉快，再见！

8）将相关信息登入预约管理界面。

3. 预约确认

预约前一天与客户确认预约状况，发送短信或致电与客户确认。

1）发短信提醒：温馨提示：您已预约明天××时间来本店做××km的保养，保养时间约为××min，费用约为××元。我们恭候您的来临。如能准时来店，请短信回复"确认"，谢谢！××公司4S店。

2）无回复的客户，再电话提醒确认。

① 话术：此次来电是提示您已预约明天××来本店做××km的保养，请问你能准时来店吗？

② 能准时来店的话术：感谢您的支持，我们恭候您的到来。

③ 无法准时到店的话术：那您看明天××时间或××时间方便吗？

注意事项：

① 短信发送时间在当天10：00前。

② 如果客户不能如约来店，则进一步和客户确认。

③ 要结合4S店的工位情况和客户的时间进行安排。

4. 预约前一天的准备

1）填写 DMS 预约登记单，如图 2-22 所示。

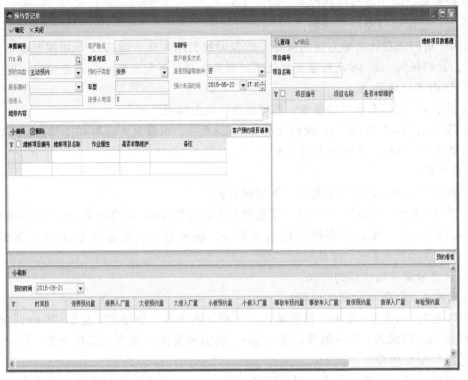

图 2-22　DMS 预约登记单

2）人员和工位安排：

① 根据预约车辆提前安排维修技师、服务顾问和工位。

② 客户来店前 15min 准备好工位，以及 5S 和相应维修项目所需工具盒和辅助材料等。

3）零部件确认：

① 零部件人员根据系统中的预约信息，查询预约维修项目并进行提前备料。

② 零部件人员应确认相应的零部件库存是否充足。

4）制作预约管理板。按预约工位、服务顾问和姓名及客户预约的时间填写预约管理板，如图 2-23 所示。

5）完成相关单据等的准备工作。事先手工填好实车检查单并放至预约管理板下的工单架，并准备好售后维修接待三件套和座椅定位贴。

5. 预约当日执行

1）预约时间前 1h 电话确认的话术：

① 您好！我是××4S 店的客服专员××，请问是××先生/女士吗？

② 请问您现在讲话是否方便？

③ 此次来电的目的主要是与您确认下，我们的服务顾问和维修技师都已经准备就绪，您是否能准时光临呢？请问您还有其他需求吗？谢谢！祝您愉快，再见。

注意事项：针对不同客户的习惯，请注意电话确认方式。

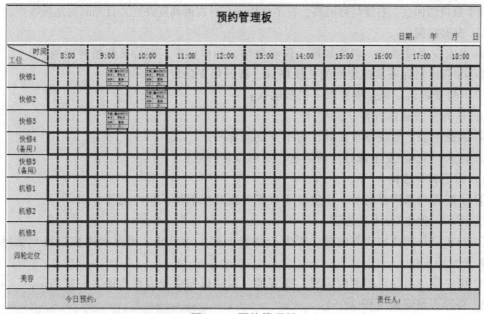

图 2-23　预约管理板

2）客户准时来店，按标准流程迎接客户。

3）客户提前来店：

① 对于提前 15min 以上来店的客户：

话术：非常抱歉，××先生/女士，您预约的时间是××，我们的工位都是安排好的，您可能要等一会儿，我尽力给您安排。

② 对于提前 15min 以内来店的客户，则立刻按接待流程执行并迅速通知车间准备作业。

4）客户延迟来店：

① 服务顾问对延迟 30min 还未到店的客户进行电话关怀，并将信息填入预约客户未来店跟踪表后传递给客服专员。

② 电话中客户提出延时来店，则根据车间状况和客户需求安排适宜的时间。如能安排，通知车间、零部件部门和引导人员，并更新看板上的信息。

5）客户未能来店。电话中客户表示当天无法来店，按 4S 店主动预约流程，建议客户更换合适的时间。

2.3.3　维修接待实训

1. 保安接待

（1）行礼（图 2-24）

1）示意停车。

① 当车辆距离 3~5m 时，保安以左手或右手五指并拢掌心朝下，上下 45°摆动，示意客户停车。

② 行礼时，身体保持立正姿势，右手五指并拢，

图 2-24　保安行礼

手指和手腕自然伸直，右臂与肩同高，右手食指与右眉右侧高度并齐，目光同时注视客户。

2）表示欢迎。

① 保安应面带微笑，着装规范，仪容整洁，动作标准，保持良好精神面貌。

② 4S 店应对保安实施定期的礼仪培训，提升保安的服务意识。

（2）初步确认　保安应做以下初步确认：

1）区分售前和售后客户。

① 迅速上前至驾驶座车窗处，弯下身询问客户。

② 话术：先生/女士您好！请问有什么可以帮到您？

2）指引客户去向。

① 了解客户来店目的后，保安左手五指并拢自然前伸，指向前往方向。

② 话术：先生/女士这边请。

③ 若客户是前往销售部门的，保安应快步上前主动引导，协助指挥客户将车辆停入指定的客户专用车位。

④ 保安亭与引导台距离较远时，保安通过对讲机向引导人员传递客户来店信息。

2. 引导人员迎接（图 2-25）

（1）问候　引导人员首先应对客户进行问候。

1）示意停车。引导人员发现客户车辆往入口处开来，在客户车辆侧前方距离 3~5 步做出"请停车"手势：单手向前，五指并拢，掌心向下，上下 45°摆动，示意客户停车。

2）表示欢迎。

① 迅速上前迎接并问候客户。

② 话术：您好！欢迎光临。

图 2-25　引导人员迎接

注意事项：

① 引导人员站立于交车区入口处，引导人员的位置能直接观察到进店客户车辆。

② 没有客户光临时，引导人员保持稍息站姿，有客户光临时调整为立正站姿。

③ 引导人员岗位应保证有人。

④ 引导人员应主动热情，友善亲切，仪容整洁，动作大方得体。

⑤ 引导人员或保安应记录客户车辆来店时间、车牌号，便于分析客户等待接待的时间。

⑥ 若引导人员的距离与保安较近，得知客户是来进行车辆售后保养/维修的，可直接进入"问候客户"步骤。

3）问候客户。

① 迅速上前至驾驶座车窗处鞠躬致意。

② 已预约和未预约的车辆来店时应分别做以下对应

对于非预约车辆，再次问候客户，话术：先生/女士，您好！

对于预约车辆，直接问候客户，话术：××先生/女士您好，欢迎来我店做××km 保养。

注意事项：

① 引导人员应及时更新当天预约客户信息。

②引导人员每天下班前应主动向客服专员索取次日的预约排班表，并应了解预约客户的姓名、车牌号、来店时间，将次日预约来店的客户资料显示在预约管理板上。

（2）确认来意　引导人员需确认客户来意。

向客户询问作业类别。引导人员对已预约和未预约客户分别做如下询问。

非预约客户：在驾驶座车窗旁询问客户：

话术 1：请问您的车是做保养还是做维修？

话术 2：请问有什么可以为您服务的？

预约客户：记录时间、放置预约车顶牌。

注意事项：

①交车区入口可设置栅栏，防止车辆在无预警的情况下进入，影响交车区的秩序。

②对客户的称谓应符合当时、当地的语言习惯。

③放置预约车顶牌时应小心轻放，避免刮伤客户车辆。

④建议在接待大厅设立客户临时休息区。

（3）通知　向客户询问后，引导人员应将客户的情况及时通知服务顾问。

1）能够及时接待：引导人员确认客户来意后，应迅速通知服务顾问。

①非预约客户：通知前台接待。

话术：前台，请派服务顾问到××工位接待××先生/女士。

②预约客户：通知指定的服务顾问接待。

话术：××，您的预约客户××先生/女士已经到店，车停在××接待工位，请马上接待。

2）不能及时接待：当引导人员发现短时间内服务顾问无法进行接待时，应做相应安排。

话术：××先生/女士，很抱歉，服务顾问不能立即接待您，请您先到临时休息区休息，我会尽快安排服务顾问接待您，好吗？

注意事项：

①引导人员填写实车检查单，单上注明车辆来店时间、车牌号和客户姓名，并将实车检查单按顺序存放在工作台。

②应按照客户来店的顺序安排服务顾问接待等候的客户。

（4）分流　引导人员应引导客户将车辆停入相应区域。

1）引导客户车辆进入接待区。做出引导手势（左手五指并拢指向左前方，如图 2-26 所示）。

话术：××先生/女士您好，这边请。

2）车辆按作业类别停入接待工位。

①快步走在客户车辆左前方，亲自带领客户将车辆开至指定位置。

②确认服务顾问就位后才离开。

图 2-26　引导车辆进入接待区

（5）出迎　预约客户将车开到指定位置后，服务顾问出迎。

1）服务顾问接待前准备。接到引导人员的接车通知后，服务顾问妥善安排好工作。准

备好接车工单夹、维修接待三件套及座椅定位贴。

2）主动出迎（图2-27）。服务顾问快速出迎，在车辆停稳前到达左前门旁。

3）表示欢迎。服务顾问面带微笑，向客户点头致意，问候客户。

话术：××先生/女士，您好！欢迎光临！

注意事项：

① 仪容仪表自我检查。

② 前台5S维护。

图2-27 主动出迎

③ 接车前应整理好接车工单夹和维修接待三件套。

④ 高峰时段，科学灵活地调配服务顾问和接待工位，缩短车辆等待受理时间。

⑤ 若是预约客户，服务顾问应带上已填写好的快速服务单。

⑥ 服务顾问需将开始接待客户的时间记录在车辆的实车检查单上。

⑦ 针对在临时休息区等待的客户，服务顾问向客户致歉，说出问候语："很抱歉，让您久等了，我是服务顾问××，这是我的名片。"

4）帮客户打开车门（图2-28）。服务顾问将接车工单夹移至左手，确认了客户准备下车（松开安全带，手伸向内拉手准备开门）后：

① 上前一步拉门把手。

② 后退一步打开车门。

③ 待客户下车后，再上前一步轻轻关上车门。

注意事项：针对在临时休息区等待的客户，需引导客户到车旁，准备开始问诊工作。

5）自我介绍。服务顾问在接待客户之前应先向客户做自我介绍。

图2-28 帮客户打开车门

话术：××先生/女士您好，我是服务顾问××。很高兴为您服务。

注意事项：

① 预约客户应直接称呼客户尊称。

② 当知道客户姓名后，直接尊称客户××先生/女士。

3. 需求确认

（1）维修/保养前准备及确认来意　服务顾问应先进行维修/保养前准备及确认客户来意。

1）安装维修接待三件套（图2-29）。为客户当面安装维修接待三件套。先放脚垫，再铺椅套，最后安装转向盘套。

话术：××先生/女士，为了爱护您的车辆，我们为您的车安装维修接待三件套。

2）贴座椅定位贴（图2-30）。使用座椅定位

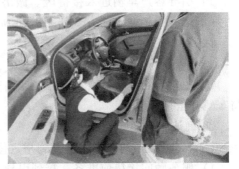

图2-29 安装维修接待三件套

贴在门槛上对座椅位置进行标记。

注意事项：

① 可采用 $1cm^2$ 左右的不干胶标签贴纸用于座椅定位贴。车辆在 4S 店的移动过程中，只可以对座椅的前后位置进行调整。

② 服务顾问在与客户交流的过程中应适当地寒暄或赞美客户，拉进彼此间的距离。

3）确认客户来意。

① 向客户询问具体的维修/保养项目；

话术：××先生/女士您好，请问有什么可以帮到您？

② 当客户陈述事项时，服务顾问应点头表示明白，并口头做简单的复述。

图 2-30　贴座椅定位贴

③ 在理解客户的需求后，服务顾问应将客户描述的原话记录在实车检查单上。

④ 请来店保养的客户提供《保修手册》。

⑤ 请首次来店的客户提供《保修手册》和行驶证。

注意事项：服务顾问在实车检查单上记录的字迹需工整清晰，以便车间人员能够准确了解作业内容。

（2）辨别故障（图 2-31）　服务顾问在确认客户来意后，要对车辆进行故障辨别。

1）倾听客户对车辆故障的描述。仔细聆听客户对故障问题的具体描述，不要打断客户谈话。

2）问询（5W2H）。运用 5W2H 问诊的方式获得信息。

图 2-31　辨别故障

3）复述。将听到的信息，用自己所理解的意思进行复述。

（3）记录故障　服务顾问应做好故障记录。

1）记录客户描述。将客户描述的具体故障现象，详细填写在实车检查单（图 2-32）上。

注意事项：

① 故障现象的记录应具体、清晰，否则会延误车间作业。

② 客户关注的是自己提出的故障问题是否得到解决，服务顾问在接待过程中也应对此重点关注。

③ 如实记下客户的原话，为保证记录的完整及准确性，可以边倾听边记录。

2）总结确认。用自己所理解的意思重复客户的话，归纳客户完整具体的诉说内容。

4．环车检查

（1）检查车内（图 2-33）　服务顾问首先检查车内情况。

1）确认里程。

服务顾问以肯定的语气邀请客户进行车内检查。

话术：××先生/女士，我们先做一下车辆检查吧。起动发动机，查看里程表，在实车检

实车检查单
广汽 XX 店

销售店名称：
销售店统一热线电话（销售、服务及24小时服务）：

车牌：		预约用户 □	在店等待 □	旧件交还 □	入厂时间：		月 日	时 分
VIN码：		VIP客户 □	送客离店 □	旧件展示 □	预计交车时间：		月 日	时 分
行驶里程：	KM	重点客户 □	是否洗车 □		预计结算费用：			
车型：		贵重物品登记： □			付款方式：现金□ 信用卡□ 其他：			
发动机号：		因检测、检修需要，是否同意路试： □			作业班组：		作业工位：	

客户陈述：
1 _____ 5 _____
2 _____ 6 _____
3 _____ 7 _____
4 _____ 8 _____

诊断结果/维修建议：
1 _____
2 _____
3 _____
4 _____

常用保养零部件：					更换零部件：					
序号	零部件名称	单价	数量	金额	序号	零部件编号	零部件名称	单价	数量	金额
1	发动机机油				7					
2	机油滤清器				8					
3	汽油滤清器				9					
4	空气滤清器				10					
5	制动片				11					
6					12					

车辆外观及内饰确认

A：划花
B：凹陷
C：破损
D：裂纹

功能确认：
随车音响 □ 升降器 □
点烟器 □ 故障灯 □

物品确认：
行驶证 □ 随车工具 □ 千斤顶 □
保修手册 □ 备胎 □ 警示牌 □
其他：
内饰状态：

入厂油量

服务顾问	工号		客户信息	客户电话		客户入厂签名：	
	电话			客户地址		客户出厂签名：	
	签名			电话回访 □	方便回访日期：上班、周末、星期（ ）		
				回访时间：	6:00 9:00 10:00 11:00 12:00 13:00 14:00 15:00 16:00 17:00 18:00 19:00 20:00		

备注：

销售店地址：
销售热线： 售后服务热线： 24小时服务热线：

第一联（白）：服务顾问　第二联（黄）：客户

十分服务
专业 周到 创新 信赖
汽车·生活更精彩

图 2-32 实车检查单

查单上记录里程数，当着客户的面，手指指向里程表读出里程数。

话术：您的车子的里程数是××km。

注意事项：

① 环车检查应按车辆六方位从左前门开始顺时针检查车辆。

话术：您要不要看一下您的车？

② 服务顾问在打开车门后，可适当地赞美客户。

话术：您的车保养得很好啊。车内也很干净。

③ 检查车内时，若发现有遗留物品，服务顾问应及时提醒客户携离。

④ 起动车辆前需提醒客户。

2）确认油表。

图 2-33 检查车内

① 查看油表，在实车检查单上标示油量位置。

② 当着客户的面，手指指向油表说出存油情况。

话术：您的车子目前的油表指针处于这个位置。

③ 若发现客户车辆汽油不足 1/4 时，应主动提醒客户别忘了加油。

话术：××先生/女士，您的车辆汽油不多了，要记得及时加油。

3）确认音响。检查音响是否工作正常。

注意事项：若音响在开启状态，应当面得到客户认可后再将音响关闭。

4）确认空调。

① 检查空调是否处于关闭状态。

② 若空调在开启状态，应当面询问客户能否关闭空调，得到认可后再将空调关闭。

5）确认电动窗。检查四门电动窗及天窗功能是否正常。

6）确认点烟器。确认是否有点烟器。

7）确认内饰，检查内饰刮伤情况。

8）确认驻车制动。拉起驻车制动，判断其是否在合格范围内（6~9 响声）。

注意事项：

① 下车前拉开发动机罩及行李箱盖。

② 关闭发动机。

（2）检查外观、轮胎（图 2-34）　车辆外观、轮胎的检查内容如下：

1）确认车身外观。

① 引领客户一起绕车检查。从左前门开始，顺时针检查车辆外观。

② 在实车检查单上详细记录车身外观情况。

③ 若客户车辆外观有刮碰伤情况，应做以下处理。

图 2-34　检查外观、轮胎

√ 征询客户意见，是否方便在此次进行维修。

√ 建议客户下次可采取预约方式维修。

√ 立即替客户安排预约时间。

√ 若是小刮痕，告诉客户可提供免费点漆的服务，但需将点漆后的效果先向客户说明。

注意事项：

① 车身较脏，无法判断外观，征询客户同意后可先进行洗车。

② 注意不要让客户认为你是在挑毛病或推卸责任，应该展现出专业的态度，让客户感觉到你是在协助他检查车辆。

③ 特别留意门窗玻璃及前后保险杠下沿、轮毂。

2）确认 VIN 码。对首次来店的客户，核对车架号。核对车架号是否与行驶证上车架号码一致。

3）确认车牌号码。

4）确认轮胎情况。

① 是否有异常磨损。

② 是否有刮痕。

③ 轮胎盖是否有松脱掉落。

注意事项：

① 若客户车辆的轮胎严重磨损，应征询客户意见是否方便在此次更换。

② 需了解客户轮胎充入的是何种气体。

（3）检查发动机舱（图 2-35） 发动机舱的检查内容如下：

1）检查油、水。

① 将发动机罩打开，靠近并目视发动机室内。

图 2-35　检查发动机舱

② 以目视方式快速检查发动机油量、变速器油量、制动液量、转向机油量。检查玻璃清洗液、防冻液是否有减少或泄露的情况。

2）说明检查结果。

① 向客户说明油、水或其他部位检查的情况，若有异常，应说明清楚：是免费服务或需要收取费用。

② 关上发动机罩。

注意事项：关闭发动机罩时，注意不要将其提得太高，以免产生太大声响，更不要在发现发动机罩未完全关闭的情况下，以手重压发动机罩前段。

3）征询洗车服务。

① 征询客户的意愿。

话术：××先生/女士，我们有免费洗车服务，您是否需要？

② 如果客户愿意，应说明洗车时间。

话术：××先生/女士，洗车大概需要××min 的时间，不知道您是否方便等待。

注意事项：

① 对车身存在明显不干净的，以及客户重点要求清洁的部位，服务顾问应记录在实车检查单上。

② 如果到店车辆较多，应向客户说明洗车等待所需的时间。

（4）检查行李箱（图 2-36） 行李箱的检查内容如下：

1）检查备胎。打开行李箱盖，检查是否有备胎，将检查情况记录在实车检查单上。需要注意的是：拉开行李箱盖前应先征询客户的同意。话术：××先生/女士，我帮您检查行李箱内的备胎和随车工具，需要打开行李箱盖，不知是否可以打开？

图 2-36　检查行李箱

2）检查随车工具。检查随车工具和危险警示牌，并将检查情况记录在实车检查单上。需要注意的是：随车工具的主要组成件有千斤顶座、摇杆、轮胎扳手。

3）重要物品提醒。

① 再次提醒客户保管好贵重物品。

话术：请问车上还有其他贵重物品吗？

② 关上行李箱盖后，继续引导客户往左前驾驶室方向移动。

③ 若遗留的物品经主动提醒后客户仍不愿携离时，应征求客户是否需要代为保管。

（5）检查结果说明（图2-37）　服务顾问需向客户进行检查结果说明，具体内容如下：

1）复述检查结果。

① 引导客户边检查边从车后方位走向左后门方位。

② 向客户复述并总结具体的检查结果。

话术1：您的车子里程数是××km。

话术2：目前油表的指针在这个位置。

话术3：车身这个位置还有点刮痕。

注意事项：向客户复述总结时，应与客户同方向站立，以手指指着实车检查单。

2）其他维修建议。向客户说明在环车检查中发现的其他问题。

图2-37　检查结果说明

话术：刚发现车辆轮胎已经严重磨损了，如果继续行驶会影响到行车安全，建议您尽快更换新轮胎。

3）客户确认。请客户在实车检查单上签字。

话术：麻烦您，请在这里签名。

4）带领客户到前台（图2-38）。

① 快修车辆根据接待区的DMS派工界面，直接确定快修工位，并在实车检查单上标明工位号。

② 礼貌地邀请客户到前台。

话术：××先生/女士，麻烦您这边请。

注意事项：

① 快修车辆无须邀请客户到前台，直接在接待工位旁填写实车检查单，并及时估价。

② 离开前，将客户的车窗升起，车门锁闭。

③ 若接待区域没有计算机，可根据快修车辆派工看板确定工位，直接派工。

图2-38　带领客户到前台

④ 将客户送至休息区安顿，再回至前台制作施工单和估价单。

⑤ 邀请客户时，走在客户的左前方，距离保持一大步，做出邀请的手势，五指并拢，手臂自然伸直，指向大厅方向。

2.3.4　作业估价实训

1. 诊断

（1）接待工位故障诊断　接待工位故障诊断如下：

1）环车检查过程中的诊断。

① 针对客户描述的故障现象，经过问诊之后，在环车检查过程中做进一步的实车确认，判断故障发生的可能原因。

② 诊断应按"三现"的基本要求：

现场：必须亲自到车辆故障的部位旁。

现物：必须确认故障的部位或部件。

现实：必须确认故障的实际状况如，断裂、氧化、磨损、生锈和接触不良等。

③ 在实车检查单上记录故障发生的可能原因。

注意事项：

① 诊断的定义：凭自己经验、利用简单的工具或设备，进行预判；不做拆卸检查。

② 在环车检查过程中进一步进行实车确认，这是客户最看重的真实的一刻，也是服务顾问表现专业的最佳时机。

③ 为了重视客户的故障问题，服务顾问在环车检查过程中，无论是否检查出故障，都应同客户一起在故障可能发生的部位做实车确认。

2）暂时无法判断的故障。若暂时无法判断出现故障的原因，应向客户说明将采取的维修方案。

话术：××先生/女士，现在暂时无法判断出故障的真正原因，等车辆进入车间检查以后，我再向您说明故障原因，经您同意再进行维修。

注意事项：暂时无法判断出的故障，如需试车应做如下处理：

① 服务顾问征询客户同意。

② 由指定人员进行。

（2）诊断工位故障诊断　利用诊断工位设备工具的预判断。

① 在环车检查过程中，不能完成诊断工作时，服务顾问可将车辆驶入诊断工位。

② 邀请客户一起到诊断工位会诊。

③ 利用简单的工具或举升机，对故障的部位做进一步诊断。

④ 经诊断之后再进行下一步的估价环节。

⑤ 若暂时无法判断出故障原因，应向客户说明将采取的维修方式（参照接待工位故障诊断话术）。

注意事项：

① 由高级服务顾问负责诊断工作，可大量节省车间的维修时间。

② 诊断工位需配置举升机、工具箱、手电筒、翼子板罩。

③ 在诊断过程中，如遇到有异响或需经试车方能掌握故障原因的情况，应向客户说明试车所需的时间并将车辆交由指定人员处理。

2. 估价单做成

（1）引领客户至接待台　服务顾问引领客户至接待台。

1）引导客户至接待台。服务顾问位于客户的左前方引领客户至接待台。

注意事项：引领时，服务顾问需要与客户步伐一致。

2）指引客户就座。服务顾问挪出座椅请客户入座。

注意事项：客户就座后，服务顾问方可入座。

3）送名片。服务顾问双手递送名片。递送时，身体站立并微微向前倾。

（2）服务项目说明　服务顾问向客户说明车辆检查结果等信息。

1）检查结果说明。服务顾问向客户说明检查结果。可运用辅助台卡加以说明。

话术：××先生/女士，您刚才提到的……经过检查，发现是因为……导致的。

注意事项：

① 若为保修项目，服务顾问需要向保修鉴定人员确认。

② 解释时语速要适中。

③ 对于首次保养的客户，应使用辅助台卡详细说明作业项目及车辆结构。

④ 解释时避免使用专业术语。同时应注意观察客户的表情，客户有疑惑神色时应稍稍停顿。

⑤ 施工单应正面朝向客户，方便客户阅读。

2）维修建议。服务顾问向客户说明维修处理方式，并提出专业建议。

3）客户确认。服务顾问向客户逐项确认维修项目。

话术：××先生/女士，您还有其他问题吗？

（3）制作、解释估价单　服务顾问制作估价单，并向客户解释估价单上的信息。

1）客户信息查询。通过 DMS 查询客户档案，确认客户个人信息和客户车辆历史维修信息。

话术：××先生/女士，您的电话号码还是……吗？地址是……吗？

注意事项：

① 若为新客户，则建立客户档案。

② 若为老客户，则确认客户信息。

2）零部件信息查询。

3）零部件查询结果确认。

① 若零部件没有库存：

首先，服务顾问向客户解释。

话术：××先生/女士非常抱歉，××目前没有库存，但我们可以马上帮您订货，订货周期××天，零部件费用为××，同时为节省时间我们帮您预约行吗？

其次，填写零部件订货通知单。

再次，客户签名，信息反馈至零部件部门。

最后，送客户离开。

② 若零部件有库存，进行零部件介绍。

话术：××先生/女士，我们有××种机油，分别是××××，我推荐您使用××××，因为……，你觉得可以吗？

注意事项：

① 解释时，不同维修项目分开介绍。

② 服务顾问应了解零部件订货周期。

③ 零部件到货后，服务顾问立即通知客户。

4）零部件费用估算。

话术：××先生/女士，本次维修我们会帮您更换××，数量××，单价××，总价××。

5）工时费及维修时间查询。通过 DMS 查询工时信息。

① 维修车辆：联系车间主管，确认工位和作业开始时间。

② 服务顾问在 DMS 派工界面锁定工位。

③ 工时费和维修时间解释。

话术：××先生/女士，更换××工时费××，需××h 完成。

注意事项：

① 若有保修项目服务，服务顾问应口头告知客户维修费用。

② 车辆若需车间诊断，服务顾问应告知客户预计检查时间。

6）客户确认。请客户口头确认。

话术：××先生/女士，本次维修总费用是××；维修需××h，您大概在××（时间）可以取车。若有变化，我会马上告知您，您看好吗？

注意事项：

① 客户拒绝维修的，若涉及车辆安全的维修项目，应在施工单上填写建议维修理由，告知其后果，并请客户签名。

② 若客户拒绝所有维修项目，离去时，服务顾问应亲自送客户离开。

7）估价单和施工单打印。

① 打印估价单。

② 打印施工单并在施工单上注明维修工位。

8）估价单内容说明。逐项说明维修费用及交车时间。

话术：××先生/女士，本次维修作业我们会帮您更换××，需要××h，××零部件××元，工时费是××，总费用是××，洗车大致需××h。现在是××（时间），您的车大致会在××（时间）交付，您看这样可以吗？

注意事项：

① 估价单正面朝向客户放置，方便客户阅读。

② 依照估价单上内容做解释说明。

③ 服务顾问应向客户介绍免费项目。

④ 估算时间包括等待派工时间、维修质检时间、洗车时间。

9）客户签字确认。服务顾问请客户签名确认。

话术：××先生/女士，您还有其他需求吗？若没有疑问，请您在这里签名。

3. 其他项目确认

1）等待方式确认。

话术：请问××先生/女士，您是否在店等候？

2）交车程序说明。

话术：××先生/女士，车辆维修完毕后，我会带您一起检查车辆状况，然后去结算

3）递交取车单。将施工单的客户联交于客户。

4. 引领客户、提醒客户或目送客户离开

1）引领客户。

① 状况一：客户在店等候时，服务顾问位于客户的左前方，引领客户至休息区。

② 状况二：客户离开销售店时，服务顾问位于客户的左前方，引领客户至门口。

注意事项：服务顾问引领客户时应与客户步伐一致。

2）提醒客户。

话术：××先生/女士，车间维修过程中若增加项目，我会马上通知您，您来时请您带好取车单。

3）目送客户离开。

① 服务顾问应主动引领客户至休息区。

② 客户选择离开时，服务顾问迎送客户至门口（如有条件，可为客户提供交通工具）。

5. 介绍客户、提醒客户

1）介绍客户。

① 休息区服务人员面带微笑主动迎接客户。

注意事项：休息区服务人员的仪容仪表符合公司标准。

② 服务顾问介绍客户。

新客户话术：这位是××先生/女士，请带他熟悉休息区的环境。

老客户话术：这位是××。

注意事项：服务顾问应热情地介绍客户。

③ 问候客户并做自我介绍。休息区服务人员应问候客户并做自我介绍。问候客户时，服务人员应鞠躬15°。

话术：××先生/女士您好，我是休息区服务人员××，很荣幸为您服务。

2）提醒客户。服务顾问提醒客户。

话术：××先生/女士，在等待过程中有任何疑问，可直接来找我。

注意事项：休息区服务人员引领客户离开后，服务顾问方可离开。

6. 休息安排

1）引领客户至休息区。休息区服务人员位于客户的左前方引领客户。

注意事项：

① 服务顾问应主动引领客户至休息区。

② 服务顾问引领客户时应与客户的步伐一致。

2）环境与设施介绍（首次来店客户）。

① 设施介绍。休息区服务人员向客户介绍设施。

注意事项：休息区服务人员应主动地向客户介绍设施，包括计算机上网区、观看电视区、儿童活动区等，如有需要，应告知其设备使用方法。

② 环境介绍。休息区服务人员向客户介绍环境。

话术：××先生/女士，您通过这个玻璃墙，可看到车辆维修情况。

3）客户就座。

① 指引就座。休息区服务人员引导客户就座。

② 为客户递饮料。

话术1：××先生/女士，我们这边有××××（饮料），请问您需要什么？

话术2：××先生/女士，在等待过程中有任何要求，您可以直接通知我。

注意事项：

① 递茶杯时，把手应朝客户方便拿取的位置。

② 服务人员应主动并及时为客户添加饮料，并介绍免费食物和饮料。

7. 过程关怀

1）了解维修进度。服务顾问应在车辆维修中，或者在预定交车时间的 15min 前：

① 通过 DMS 查看车辆维修进度。

② 服务顾问联系车间了解车辆维修状况。

注意事项：若无法准时交车，服务顾问需要了解原因及处理方案，并立即通知客户，做好解释工作。

2）关怀客户。服务顾问关怀在休息区等待的客户，主动告知客户车辆维修进度。

话术：××先生/女士，您的车辆维修进度正常。预计可在××（时间）准时完成，请您稍坐。

注意事项：

① 服务顾问在车辆维修过程中应与客户保持至少一次互动。

② 若有追加项目，参阅追加流程。

3）追加项目

① 服务顾问向车间主管确认追加项目内容。若是保修项目，需保修鉴定员确认。

② 服务顾问完善增加项目申请单。首先，服务顾问查询零部件库存；其次，服务顾问查询维修工时费。

③ 服务顾问通知客户。

注意事项：客户没在店等待，服务顾客应立即电话通知客户并请客户确认。

④ 服务顾问解释增加的项目。服务顾问按增加项目申请单中的内容解释增加项目。

话术：××先生/女士，我们的技师在维修过程中发现您的车辆存在……问题，这会导致……结果，我们建议……，您看这样可以吗？

注意事项：

◆ 服务顾问必须了解故障原因，若无法向客户解释，可请车间主管参与。

◆ 解释时语速适中。

◆ 应以客户能够理解的语言解释。

◆ 解释时应观察客户的表情，客户有疑惑神情时应稍稍停顿并解释。

◆ 客户若需进车间确认车辆状况，服务顾问应陪同前往。

⑤ 服务顾问重新估计时间、费用。解释时，不同维修项目分开解释，并告知客户更改后的总费用及时间。

话术：××先生/女生，更换××，需××h，零部件费是××，工时费是××，总费用变更为××。预计会在××（时间）交车。

⑥ 客户确认。请客户在增加项目申请单上签名并确认。

话术：如果没有其他问题，请您在这里签名。

⑦ 服务顾问将相关内容输入 DMS。

⑧ 服务顾问将增加项目申请单交给车间主管。

2.3.5　作业管理实训

1. 合理派工（以非预约、快修车辆为例）

（1）确定工位　确定工位的要点如下：

1）查看 DMS。服务顾问查看 DMS 车辆派工界面。

2）联系车间主管。联系车间主管询问可安排的工位及作业开始时间。

注意事项：车间主管在确定人选时，应考虑按能力派工。

（2）分配工位　DMS 车辆派工界面会出现工位已满和未满两种情况，应分别做以下工作：

1）直接分配。工位未满，服务顾问直接派工至暂无作业的工位。

2）预先分配。工位已满，服务顾问判断仍在作业中的工位的完工时间，将车辆做预先分配。

（3）派工信息录入　服务顾问在 DMS 派工界面中选定工位，将预估的作业起止时间输入系统内。

注意事项：

① 如果为快修车辆预约，服务顾问根据接待区的 DMS 派工界面或快修车辆派工看板，将客户的车辆直接安排至已预留的工位。

② 如果一般维修车辆预约，服务顾问查看 DMS 车辆派工界面，将客户的车辆直接安排至已预留的工位。

2. 车辆交接

（1）确定工位　根据系统信息进行工位的确定。

1）服务顾问根据 DMS 中派工的信息了解已分配的工位。

2）交接时必须依照施工单说明以下内容：客户描述、预检结果、客户的其他需求等关键信息。

（2）移动车辆　将车辆移入车间维修工位。驶入工位前，应做以下工作：

1）维修工位有空的，可直接将车辆驶入维修工位，服务顾问向维修人员说明作业指示并交接车辆。

2）维修工位已满的，将车辆移至待修区暂停，服务顾问向维修班组长说明作业指示并交接车辆。待工位有空时，再由班组长将车辆驶入工位，并与维修人员交接。

3. 确定零件及零件出库

（1）施工单上的零部件信息确认　仓管员确认施工单上的零部件编码是否正确无误。

（2）制作出库单　仓管员制作并打印零部件出库单。

注意事项：若零部件编码错误，仓管员联系服务顾问让其修正 DMS 信息。

（3）零部件出库　零部件出库内容如下：

1）零部件出库前，核对零部件名称、数量、零部件编码和货位号。

2）根据货位号取货。按出库指示单根据货位号依次在仓库中取货。

3）零部件出库签名。仓管员核实领料人身份，签名后出库。留存零部件联及施工单零部件联。

注意事项：如果是预约车辆，需按如下操作：

① 将预约车辆使用的零部件，存放于预约备料区的货架上。

② 货架上存放的预约零部件应标示客户预约日期、车牌号。

4. 维修实施——作业前准备

（1）施工单（或保养作业单，图 2-40）审查　维修人员确认施工单上的内容如下：

保养作业单
广汽XXX店

车牌：_____ 车型：_____ 变速箱形式：_____ 作业班组：_____ ____年____月____日

项目	作业项目A	检查值	检查结果	调整	更换新件	项目	作业项目B	检查值	检查结果	调整	更换新件
车辆举升前	1 检查方向盘行程及调整状态						31 检查前雨雨刮片（橡胶部分）				
	2 检查车内仪表各指示灯						32 检查前小灯				
	3 检查喇叭						33 检查近光灯				
	4 检查刮水器性能						34 检查远光灯				
	5 检查前照灯光，同步检查仪表各指示灯						35 检查前转向灯				
	6 检查后照灯光，同步检查仪表各指示灯						36 检查前雾灯				
	7 检查制动踏板自由行程						37 检查前危险警告灯				
	8 检查手刹	手刹齿数：____齿					38 检查后小灯、牌照灯				
	9 检查发动机舱运作情况（起动机）						39 检查后转向灯				
	10 检查刹车助力						40 检查刹车灯				
	11 检查空调系统						41 检查后雾灯				
	12 检查收音机导航系统						42 检查后雾灯				
	13 检查前车顶灯						43 检查后危险转向灯				
	14 检查电动车窗升降功能						44 检查随车工具和后尾箱照明灯				
	15 检查中央门锁作用						45 拆卸备用轮胎放在车上				
	16 检查电动后视镜调节开关功能						46 检查发动机舱运作情况（配合）				
	17 检查电动座椅功能						47 检查冷却剂量				
	18 检查左前安全带						48 检查散热器及冷凝器风扇				
	19 检查左前门控灯开关						49 检查机舱内各管路、接头及电路				
	20 检查左前门内、外把手锁，儿童锁						50 测量发电机输出电压	电压值：____V			
	21 检查左后安全带						51 检查蓄电池状况及连接是否紧固（额定容量75Ah）	剩余容量：____Ah			
	22 检查左后门控灯开关						52 检查制动液油量和渗漏				
	23 检查左后门内、外把手锁，儿童锁						53 检查助力转向机油的油量和渗漏				
	24 检查右后安全带、中央安全带						54 检查冷却液量和渗漏				
	25 检查右后门控灯开关						55 检查玻璃清洗液				
	26 检查右后门内、外把手锁，儿童锁						56 清洁或更换空气滤清器				
	27 检查右前门控灯开关											
	28 检查右前安全带											
	29 检查右前门内、外把手锁，儿童锁											
	30 清洁或更换空调滤清器											
举升车辆至最高位置	57 检查制动油管和燃油管状态						63 更换机油				
	58 检查排气系统						64 更换机油滤清器				
	59 检查底盘漏水漏油现象						65 检查转向横拉杆球头、固定装置和防尘罩				
	60 检查底盘各工艺孔橡胶堵片						66 检查前驱动轴防尘罩状况				
	61 检查前悬架状况						67 检查转向连接机构状况				
	62 紧固底盘螺栓及螺母						68 检查前悬挂挂钩				
将车辆降至中间位置	69 检查左前轮轴承间隙						83 检查右前轮轴承间隙				
	70 检查及清洁左刹车盘						84 检查及清洁右后刹车盘				
	71 检查左前制动活塞及分泵						85 检查右后制动活塞及分泵				
	72 检查左前制动油管						86 检查右后制动油管				
	73 检查左前减震器						87 检查右前减震器				
	74 测量左前刹车片厚度	厚度：____mm					88 测量右后刹车片厚度	厚度：____mm			
	75 检查左前轮胎的状况、花纹、气压	胎压：____kgf/cm²　纹深：____mm					89 检查右后轮胎的状况、花纹、气压	胎压：____kgf/cm²　纹深：____mm			
	76 检查左后轮轴承间隙						90 检查右前轮轴承间隙				
	77 检查及清洁左后刹车盘						91 检查及清洁右前刹车盘				
	78 检查左后制动活塞及分泵						92 检查右前制动活塞及分泵				
	79 检查左后制动油管						93 检查右前制动油管				
	80 检查左后减震器						94 检查右前减震器				
	81 测量左后刹车片厚度	厚度：____mm					95 测量右前刹车片厚度	厚度：____mm			
	82 检查左后轮胎的状况、花纹、气压	胎压：____kgf/cm²　纹深：____mm					96 检查右前轮胎的状况、花纹、气压	胎压：____kgf/cm²　纹深：____mm			
降下车辆	97 检查备用轮胎（轮毂、轮胎表面、气压）	胎压：____kgf/cm²　纹深：____mm					99 紧固轮胎螺母（115N.m）				
	98 检查各档位指示灯						100 检查发动机舱运作情况				
							101 检查机油油量				
							102 检查发动机机油的泄漏				
							103 清洁发动机仓				

1-103项为5000KM级保养项目

	104 检查车门限位器，固定销，门锁，发动机盖/行李箱盖铰链和锁扣（检查功能并润滑）						107 清洁前挡风玻璃落水槽排水管				
	105 更换燃油滤清器						108 检查涡轮增压器				
	106 轮胎换位						109 自诊断（用诊断仪检查故障信息）				

1-109项为10000KM级保养项目

	110 更换附件皮带						111 更换空气滤清器				
							112 更换空调滤清器				

1-112项为20000KM级保养项目

	113 更换火花塞（仅适用于1.8T发动机的车型）										

1-113项为30000KM级保养项目

	114 更换自动变速器润滑油						115 更换制动液				

1-115项为40000KM级保养项目

	116 更换火花塞						117 更换手动变速器润滑油				

1-117项为40000KM级保养项目

	118 更换正时皮带及平衡轴皮带						119 更换冷却液				

1-119项为80000KM级保养项目

标准值：
1、手刹齿数：4-5齿
2、电瓶电压值：≥11.0V。
3、轮胎气压：前轮2.3kgf/cm²、后轮2.0kgf/cm²；半载2.5kgf/cm²，5人以上前后轮胎2.3 kgf/cm²；备胎2.5kgf/cm²。
4、胎纹深：≥1.6mm。
5、刹车片厚度：前≥4mm，后≥1.5mm。

检查状况说明：
1、检查结果：良好划"√"不合格划"×"
2、调整：划"√"表示已调整（含添加少量油液的操作）
3、更换新件：划"√"表示已更换（含全部油液更换的操作）

技术备注：

作业者A：　　　　　　　　　　　　作业者B：

图 2-40　施工单（保养作业单）

1）客户描述栏的维修保养项目，以及故障问诊的记录。

2）是否有其他交办事项。

3）预定完工时间。

4）需更换的零部件。

注意事项：若不能在预定时间内完工，及时通知服务顾问和车间主管。

（2）确认施工单 核对施工单与车辆，确认施工单内预检和问诊的特别记录。

1）车辆外观确认。

2）车内检查项目的异常。

（3）输入系统 将开工信息输入 DMS。

（4）设备与工具的准备 设备与工具的准备事项如下：

1）维修车辆前，应快速确认作业所需的设备和工具是否完整良好。

2）一次性准备好所需的设备与工具，避免在维修过程中造成作业中断。

注意事项：切记，在维修过程中使用过的每个工具应立即放回原来的位置。

（5）铺翼子板保护罩 正确使用保护罩：

1）每次使用前，应检查是否有油污或灰尘，以免弄脏车辆及自己的工作服。

2）作业开始前根据作业内容，把翼子板保护罩安装在车身上，要注意保护客户的车辆。

3）取下翼子板保护罩时，应仔细确认所铺之处是否留下油污或灰尘。

注意事项：

① 翼子板保护罩在经常使用的情况下容易沾有油污或灰尘，维修人员应定期擦洗。

② 凡打开发动机罩的车辆，均需安装翼子板保护罩。

5. 维修实施——作业实施

（1）进度监控 所有人员均应随时监控和确认维修进度。

1）掌握进度情况。服务顾问应随时关注客户车辆的维修状态，监控维修进度，保证按时交车。

2）确认进度情况。

① 作业中发现延时完工及时报告班组长。

② 班组长确认后报告给服务顾问和车间主管。

③ 服务顾问应采取以下应对措施：

首先，及时与客户联系，致歉、解释原因并征得同意。

其次，调整施工单上的完工时间。

④ 预约工位若提前完工，班组长可视情况安排临时性工作。

⑤ 若预约车辆延迟进入工位，维修人员立即判断车辆能否按时完工。

⑥ 预约车辆确定将延迟完工，班组长向车间主管和服务顾问反映。

⑦ 班组长负责协调，确保不影响下一位预约客户。

（2）追加项目 追加项目如下：

1）作业中若发生追加项目，维修人员应将追加项目的原因立即向车间主管报告，并填写增加项目申请单。

2）车间主管确认后迅速将具体的追加原因、项目及时间等信息通过增加项目申请单反

馈给服务顾问（进入追加流程）。

3）预约车辆发生追加项目时，立即判断能否按时完工：

① 能：立即施工并向班组长反映情况。

② 否：为不影响下一位预约的客户，班组长应负责协调。

2.3.6 质量检查工作实训

1. 三级检验

（1）自检　自检项目如下：

1）作业项目确认。再次确认施工单上的作业项目都已全部完成。

2）单据填写。在施工单上填写故障原因、维修措施和其他建议，以及实际完工时间并签字。

3）维修部位确认。确认维修部位拆卸或调整后部件，如螺钉、插头、油水。

4）全部位确认。对涉及行车安全的部位，应逐项确认。

5）工具清点复位。逐一清点维修作业使用过的工具，确认后放回原来的位置。

6）设备仪器清点复位。清点确认使用过的设备仪器后，放回原来的位置。

（2）班组长检查　班组长检查项目如下：

1）作业项目确认。再次确认施工单上的作业项目及故障原因、维修措施和其他建议，以及使用注意事项等是否填写正确。

2）完工时间确认。班组长确认施工单上填写的实际完工时间是否正确。

3）维修部位确认。确认维修部位拆卸或调整后部件，如螺钉、插头、油水。

4）安全部位确认。对涉及行车安全的部位应逐项确认。

5）在施工单上签字确认。

（3）总检　总检项目如下：

1）维修项目确认。

2）其他事项处理确认。

① 客户提出的其他事项处理情况。

② 此次未维修部分的提醒和建议。

③ 车辆的使用注意事项。

3）维修部位确认。

① 确认所有故障是否已排除。

② 确认维修部位拆卸或调整后部件。

4）安全部位确认。

① 对涉及行车安全的部位做逐项确认。

② 在施工单上签字。

5）返工处理。

① 发现维修质量问题，要求维修人员再次返工。

② 在返工记录表上填写返工的具体情况。

2. 交车前准备

交车前，应将车辆清洗干净。

1）移动车辆。移车人员将质检完成的车辆移至洗车工位。

2）将钥匙与车辆交与洗车组长。

① 移车人员将车辆交与洗车组长。

② 移车人员告知预计交车的时间。

③ 洗车组长根据现场状况预告洗车所需时间。

3）通知服务顾问车辆维修质检完毕。移车人员到接待前台将作业卡交与服务顾问。

4）洗车顺序安排。洗车组长根据现场状况，安排车辆清洗作业顺序。

5）特别事项强调。洗车组长向洗车人员强调清洗中的特别注意事项。

6）车身外表清洗。

7）洗车检查。车辆清洗检查完毕，洗车组长通过对讲机通知移车人员移车。

8）移车。移车人员将车辆移至交车区域后通知服务顾问。

9）移动人员把钥匙交给服务顾问。

2.3.7 交车工作实训

1. 服务顾问验车

1）服务顾问在收到施工单完检确认后，查看作业内容和过程记录，核实、整理 DMS 中的相关记录。

2）准备好要交接的物品。

3）服务顾问检查所有要求的项目是否已完成。

4）座椅、电器控制开关是否复位。

5）客户自费更换下的旧件是否置于指定位置。

6）车辆清洁状况检查，外观与内饰状况确认。

2. 当面通知客户

1）前往休息区通知客户。服务顾问轻轻走到客户面前，弯腰以方便交流。

话术 1：××先生/女士，您好！让您久等了，我们已在预定的时间内完成了车辆的维修/保养。

话术 2：请您和我一起检查一下车吧。

注意事项：若客户明确表示不用检查，应回答："谢谢您的信任。"然后实施解释说明步骤。

2）引领客户。引领客户至交车区，注意在客户侧前方，与客户步伐一致。

3. 维修项目展示

1）确认维修/保养效果。陪同客户确认维修/保养效果，以及外观和内饰等。

话术 1：我们已按您的要求将车清洗干净，请确认一下。

话术 2：您的车辆的所有维修项目都已完成，请您确认一下。

① 若外观维修，明确展示给客户，并请客户直接触摸，然后用干净的抹布轻轻擦干净。

② 打开发动机罩展示内部洁净程度及油液状况。

③ 向客户介绍检查项目或客户特意交代的项目。

2）维修建议。向客户说明维修建议。

3）旧件展示。

① 从旧件展示架上取下旧件。

话术：这些是换下来的旧件，您需要带走吗？

② 客户明确要带走旧件时，应将旧件擦拭干净且包装好。

话术：我把这些换下来的旧件放在行李箱中，您看好吗？

4）三日回访提示。

① 询问方便的回访时间、方式并记录。

话术：我们三日内有个针对本次服务情况的回访，请问您什么时候比较方便？还是打这个电话号码吗？

② 询问其他需求。

③ 当客户的面拆下三件套和座椅定位贴。

4. 结算付款

服务顾问陪同客户至收银台结算付款。

① 引领客户到收银台。

② 收银员起身问好。

③ 服务顾问告知收银员客户的付款方式。

④ 核对施工单和结算清单。

话术：××先生/女士，您这次维修的费用总额为××。

⑤ 若客户使用现今付费，要做到客户当面点清。

话术：××先生/女士，总共收您×张100元，×张50元，共计××，找您××。

⑥ 将发票、结算单和信用卡（或现金）双手递给客户。

⑦ 服务顾问将车钥匙、保修手册等递交给客户。

5. 恭送客户

1）引领客户至交车区。引领客户至交车区并与客户保持交流。

话术：在今后用车过程中，如有任何需求请直接联系我。

2）下次保养提醒。

话术：××先生/女士，您下次保养的里程数是××km，到时我们会发短信提醒您。

3）礼貌送行。为客户打开车门，请客户入座后，表示感谢，并目送离店。

话术：感谢您的光临，我替您去交放行条，祝您愉快。

4）保安行礼。

① 在客户车辆前侧行礼。

② 进行交通指挥。

话术：您好，请慢走。

5）目送客户安全离开。

2.3.8 跟踪回访工作实施

1. 系统与常用资料准备

1）登录系统客服界面。

2）常用资料准备。回访前准备好维修工单和常用零部件价格表、员工通讯录、会员优惠、年审、店内活动等资料。

3）记录表格准备。当无法及时将客户的意见录入系统时，需先行用记录表记录，再录入系统。

2. 客户筛选

1）设定筛选时间。

① 跟踪回访要在交车后三日内完成。

② 客户的投诉要在接到投诉后的 24h 内处理完毕并进行二次回访。

③ 客户的一般抱怨要在 3 个工作日内完成，并进行二次回访跟踪。

2）设定排除条件。客户明确要求无须回访，则在回访客户清单中排除。

3. 客户确认

1）致电客户。

① 致电客户要选择合适的时间段。一般选择 10：00—11：30，14：30—17：00。

② 当第一次电话无法接通时，可以间隔一天再拨打，三次不通，记录并在客户下次来店时进行核实。

2）客户身份确认。一定要确认接受调查的是车主或送修人本人。

话术：您好！请问您是××先生/女士吗？

4. 自我介绍

1）客服人员先进行自我介绍。

话术：××先生/女士，您好。我是××公司××4S 店的客服专员××。

注意事项：致电时客服人员清楚地叫出客户的名字。

2）感谢客户来店。

话术：感谢您××月××日到我店进行××维修/××km 保养。

3）说明致电目的。

话术：不好意思打扰一下，想做一下售后服务的电话回访，可能要耽误您几分钟的时间，请问您方便接电话吗？

注意事项：

① 说明来意并征求客户同意，不可强行回访。

② 客户拒绝则礼貌询问下次致电时间。

③ 客户拒绝接听则马上发短信致歉并说明致电情况。

5. 回访执行

1）了解车辆状况。

话术：请问您的车辆使用状况怎么样？（如有问题，客户会很愿意讲述。）

2）收集客户的意见或建议。

话术：有几个问题想向您征求意见，能否再耽误您一点时间？（提问时用 5W2H 方法详细记录。）

3）征询客户的评价。

话术：如果满分为十分，您给我们打几分？

注意事项：

① 如果客户反映维修或保养后存在问题，直接进入投诉处理流程不再询问。

② 回访问题应致力改善 4S 店弱项。

③ 记录客户抱怨时一定要记录原话，并把握人、时间、事件等要素。

④ 客户挂电话后才能挂电话。

⑤ 当客户提出意见和建议时，要复述记录内容让客户感受到客服人员的用心。

6. 信息确认

所有信息应及时记录。通话结束后，需检查一遍避免错误。

注意事项：

1）当有重要信息没有完全记录清楚时，可以通过录音重新核实。

2）意见记录五原则：

① 记录客户不满的本意、对应内容、5W2H方法问出的内容。

② 不添加。

③ 不归纳、不省略（不是一句话归纳整件事的内容）。

④ 不替换（不使用自己的意见替换客户的原话）。

⑤ 不错记。

7. 投诉处理

1）表达歉意。

话术：××先生/女士，非常抱歉，我们的服务没有让您满意。那具体是什么地方有问题呢？

2）复述客户的诉说。通过复述来确认。

话术：您是说××没修好，是吗？

3）转换角度。

话术：也就说您由于没能××，结果让您××而感到不满是吗？

4）同理心感情移入。

话术：您说的情况我都了解了，换了我也会很生气。

注意事项：

① 当遇到客户投诉时，对不能当场答复的问题，要先详细记录下来。

② 重复对方的话，是能够使客户安心地认为自己的不满已经被理解的方法。

③ 将客户的话转换成另一种说法来确认，使客户安心地认为自己话的意思没有被误解。

④ 通过表示同意和道歉等来移入感情。

5）信息详细记录。客服专员将客户反馈的意见记录在客户意见（投诉）处理表上。

6）信息及时传递。客服专员将表单迅速传达至客服经理。

7）及时跟进。客服专员说明客户反馈的意见并提醒处理期限。

8. 统计分析

1）通过系统报表控制回访实施率、回访成功率、三日回访成功率。

2）回访过程中注意挖掘客户的潜在声音，了解客户的需求。

3）定期对投诉和回访的客户意见进行分析，找出问题点召集各部门制定对策。

4）客服经理定期将存在的问题向总经理汇总。

5）客服中心后续要对制定的改善对策的实施情况进行监督。

2.3.9 客户意见处理工作实施

1. 在店投诉处理

（1）聆听客户诉求 聆听客户诉求的要点如下：

1）自我介绍。

2）请客户讲述事发经过。

3）尊重客户表达情绪。

4）适时附和表达理解与共情。

5）参考话术：

① 您好！我是本店的××经理，请告诉我刚刚的事发经过好吗？

② 您是说…….对吗？

③ 我明白您的意思。

④ 我非常理解您的心情。

（2）表达歉意并安抚客户　表达歉意并安抚客户的要点如下：

1）表达歉意。

2）承认自身错误点。

3）参考话术：

① 给您带来不愉快的经历，真的非常抱歉。

② 这件事情我们的确有做得不到位的地方。

（3）合理解释并澄清误会　合理解释并澄清误会的要点如下：

1）客户理解误差的澄清。

2）问题原因的说明解释。

3）相关标准服务流程、工作流程的解释。

4）参考话术：

① 先生，可能是我们没有解释清楚让您产生误会了，实际是这样的……

② 这个问题是这样发生的……

③ 由于我们的系统流程是需要……。所以……。

（4）沟通协商解决方案　沟通协商解决方案的要点如下：

1）与客户沟通协商解决方案。

2）申明底线和立场。

3）确认双方一致的解决方案。

4）参考话术：

① 您好！您看这样行不行？

② 先生很抱歉，您这个要求已经超出我们的权限范围了，很抱歉这个要求没办法帮您达成。您看这样行不行……

③ 您也是我们的老客户了，如果可以的话我肯定会帮您争取，这已经是我们能做出的最大努力了。

④ 那么我们就依照您说的……

（5）解决措施的执行　根据协商一致的执行解决方案：

1）工作人员致歉。

2）车辆问题解决。

3）工时折扣、赠品补偿等。

4）确认后续跟踪人，确保措施得以执行。

5）参考话术：

① 对于之前给你带来的不愉快，我向您致歉。

② 您的车辆问题我们一定会帮您妥善解决，请您放心。

③ 为了表达歉意，我们会把本次保养的工时费打 8 折优惠。

2. 来电投诉处理

（1）来电受理　来电受理的要点如下：

1）认真聆听客户诉求。

2）表达歉意并安抚客户。

3）合理解释并澄清误会。

4）复述客户的问题。

5）生成客户投诉单。

6）分派投诉单至责任部门。

7）参考话术：

① 给您带来不愉快经历，真的非常抱歉。

② 先生，可能是我没有解释清楚让您产生误会了，是这样的……

③ 您看这样行不行……

④ 那我们马上帮您安排，第一时间帮您处理好。

（2）投诉处理　投诉处理的要点如下：

1）联系客户确认问题并表达歉意，合理解释并澄清误会，沟通并协商解决方案，执行解决措施。

2）记录客户投诉处理结果并反馈至客服中心。

（3）投诉回访　投诉回访的要点如下：

1）审核确认投诉处理结果。

2）跟踪回访客户对处理结果是否满意，如果不满意，则需再次跟踪。

3）填写回访结果。

4）参考话术：××先生/女士您好！××日您向我们反映的××问题，我们公司非常重视，也安排相关人员处理，请问您反映的情况已经得到妥善处理了吗？

3. 厂家转交投诉处理

（1）投诉单的接收　投诉单的接收流程如下：

1）联系客户并确认问题。

2）分派投诉单至责任部门，规定完结期限。

（2）投诉处理　联系客户确认问题，表达歉意，合理解释并澄清误会，沟通协商解决方案，执行解决措施。

（3）投诉回访　投诉回访的流程如下：

1）审核并确认投诉处理结果。

2）跟踪回访客户对处理结果是否满意。

（4）最终结果反馈　最终结果反馈的要点如下：

1）确认客户投诉闭环。

2）记录投诉处理过程及结果。

3）投诉单反馈至厂家客户服务部门。

任务总结

1. 汽车售后服务流程标准化，这不但有利于树立统一的汽车厂家的售后服务形象、提高 4S 店的售后市场竞争力，同时，也能促使企业内部所有成员共同为提高客户满意度而努力，建立起满意、贴心的客户关系。

2. 汽车维修接待服务一般流程是：预约、招揽，维修接待，作业估价，作业管理，质量检查，交车，跟踪回访，客户意见处理。

3. 服务顾问是贯穿核心服务流程的关键人员。其细致了解客户的需求，从细节上为客户提供个性化的售后服务的同时，还立足于技术并了解售后工作的全局，保证客户与售后的相关部门保持良好的沟通，确保客户能得到安心、尊贵的服务体验。

4. 质量是 4S 店售后部门的根本。维修质量的水平需要每个售后服务人员的工作努力、互相配合，每一个工作环节的缺失都会影响整个工作流程的开展和服务质量的下降。

5. 企业只有妥善处理客户投诉，建立健全的投诉处理机制，正确判断客户投诉中所包含的价值，并且不断改善服务当中的不足，才能赢得客户的信赖和忠诚，从而成为行业中的佼佼者。

作　业

完成"学习工作页" 2.1~2.10 各项作业。

任务 3
汽车维修服务沟通

O3

学习目标

1. 掌握有效沟通技巧，让自己成为受欢迎的人。
2. 掌握与同事沟通的技巧，适应办公室的工作环境。
3. 掌握与上司沟通的技巧，让上司成为自己的良师益友
4. 掌握与下属沟通的技巧，帮助下属茁壮成长，成为自己的得力干将。
5. 培养良好的团队合作精神与职业道德。

任务描述

　　为了使实习生小李等人更好地适应职场，培训部陈主任给他们介绍了在职场中如何与同事、上司及下属沟通的技巧，要求他们在实践中学会沟通技巧。

任务准备

3.1 汽车维修服务沟通信息收集

3.1.1 沟通概述

沟通是为了一个设定的目标，把信息、思想和情感在个人或群体间传递，并且达成一致的过程。沟通的意义如图 3-1 所示。

1. 沟通的三大要素

（1）一个明确的目标 有了明确的目标才叫沟通。

（2）达成一致 沟通结束后一定要使双方或多方达成一致，这才是完成一次有效的沟通。

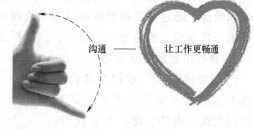

沟通 —— 让工作更畅通

图 3-1 沟通的意义

（3）沟通的信息、思想和情感 沟通的内容不仅包含信息，更是思想与情感的传递。

2. 沟通的两种方法 （见图 3-1）

（1）语言沟通 语言是人类有效的沟通方式。包括口头语言、书面语言、图片或图形等。其主要是传递信息。

（2）肢体语言沟通 肢体语言的内容很丰富，包括手势、表情、眼神、姿态、声音的音色和音调等。其更利于沟通思想与情感的沟通。

3. 沟通的三种行为

说、听、问是双向沟通包含的三种行为。能恰当实施这三种行为的人是具备有效沟通技巧的人。

4. 沟通的五种态度

（1）强迫性态度 果断但缺乏合作，没有沟通。

（2）回避性态度 消极反对，不主动合作，无法沟通。

（3）迁就性态度 容易与人合作，但不果断，没有反对。

（4）折中性态度 圆滑、中庸，难得信任。

（5）合作性态度 既果敢又合作，有效沟通。

5. 沟通的人为障碍

（1）高高在上 上司与下属之间存在地位、身份的差别。如果上司高高在上，下属则有话不敢说、唯唯诺诺，影响有效沟通。

（2）自以为是 对待一个问题有了自己的想法和见解，这时候容易关上自己的心门，拒绝接受别人的意见。而当我们以宽阔的胸怀，谦虚地接受别人的建议，才能不断提升自己。

（3）先入为主 先入为主是常见的偏见思维模式，沟通的一方对另一方已有成见，这

将影响到沟通的结果。

（4）不善于倾听　倾听是沟通过程中最重要的环节之一，良好的倾听是高效沟通的开始。倾听除需要真诚的心态外，还需要具备一定的倾听技巧。

（5）缺乏反馈　反馈是沟通过程中或结束时一个关键环节。如果缺乏反馈，则沟通效果将大打折扣。

（6）沟通的位差损耗效应　据美国加利福尼亚州立大学研究发现，来自领导层的信息只有 20%~30% 被下级知道并正确理解；从下到上反馈的信息，其中有不超过 10% 被知道和正确理解；而平级交流的效率则可达到 90%。

3.1.2　有效沟通的过程

有效沟通的过程是一个完整的双向沟通过程（图 3-2）。发送者要把他想表达的信息、思想和情感，通过语言或肢体语言发送给接收者，但接收者接收到信息、思想和情感以后，会提出一些问题，给对方一个反馈，这就形成一个完整的双向沟通的过程。

1. 有效信息的发送技巧

（1）发送方式　根据沟通内容选择发送方式。常见的发送方式有面对面交谈、电话、邮件和会议等。其中，面对面交谈是最直接、最有效的沟通方式。

（2）发送时机　充分考虑对方的情绪，选择合适的沟通时间。

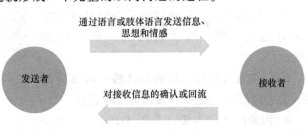

图 3-2　有效沟通的过程

（3）目的确定　沟通前，需确定本次沟通的目的，如何有效利用语言和肢体语言来明确表达信息。

（4）接收对象　要确定信息的接收者，考虑其观念、需求和情绪等状况。

（5）信息发送环境　根据发送信息的内容和接收者的具体情况，选择在什么样的环境和场合下发送给对方。这对沟通效果影响很大。

2. 积极聆听

（1）聆听的定义　聆听不仅是耳朵听到声音，还是一种情感活动。需要通过面部表情、肢体语言和话语回应，向对方传递一种信息。

（2）聆听的原则　聆听具有以下原则：

1）适应讲话者的风格。

2）眼耳并用。

3）先寻求理解他人，再被他人理解。

4）鼓励他人表达自己。

5）聆听全部信息。

6）表现出有兴趣的聆听。

（3）有效聆听的步骤　准备聆听→发出准备聆听的信息→采取积极的行动→准确理解对方的全部信息。

（4）聆听的五个层次　聆听的五个层次如下：

1）听而不闻：就是不做任何努力去听。

2）假装聆听：做出聆听的样子让对方看到，但实际上没有用心在听。

3）选择性聆听：只听一部分内容，倾向于聆听所期望或想听到的内容。

4）专注聆听：认真听讲，同时与自己的亲身经历相联系。

5）设身处地聆听：站在对方立场上认真听，理解讲话者所说的内容。

3. 有效反馈

（1）反馈的定义　反馈就是沟通双方期望得到一种信息的回流。

（2）反馈的类型　反馈具有以下类型：

1）正面反馈：表彰对方做得好的事情，希望好的行为得以保持及进步。

2）建设性反馈：就是在对方做得不足的时候，给他提出改进的建议，这不是一种批评。

（3）反馈的方法　反馈的方法如下：

1）针对对方的需求：站在对方的立场和角度，针对对方最为需要的方面，给予反馈。

2）方向性、具体、明确：根据阶段不同或提供方向性建议，或者提供具体、明确的反馈，不应该是空洞的说教。

3）有建设性：以建设性、鼓励的口气进行反馈，不应武断地下结论。

4）对事不对人：就事论事，忌讳使用侮辱别人的话语。

（4）接受反馈的方法　接受反馈的方法如下：

1）耐心倾听，不打断。

2）避免自卫心理。自卫心理是每个人的本能反应。但要避免听到对自己不利或自己不想听的信息，就急忙去辩解，这将影响到信息的完整反馈。

3）表明态度。在别人反馈之后，自己要有一个明确的态度，如理解、同意、支持、不同意、保留意见等。如果不明确表明态度，对方将误解你是否未听明白，或者是否内心对抗，这将影响沟通的准确性。

3.1.3　有效沟通的基本步骤

有效沟通的基本步骤如图 3-3 所示。

1. 事前准备

事前准备包括设立沟通目标、制订计划、预测可能遇到的异议及对策和使用 SWOT 分析。

2. 确认需求

确认需求包括积极聆听、有效提问、确认反馈、重复内容、归纳总结和表达感受。

3. 处理异议

应该做好解释，引导对方理解你的主张，避免强行说服对方。

事前准备　　　　　　处理异议　　　　　　共同实施

确认需求　　　　　　达成一致

图 3-3　有效沟通的基本步骤

4. 达成一致

达成一致是沟通的一种结果，这决定了沟通是否完成。

5. 共同实施

共同实施意味着双方将共同推进一项工作的开始。

3.1.4 有效的肢体语言

1. 信任是沟通的基础

如果双方缺乏信任，那么沟通肯定是无效的。信任是沟通的基础，有效的肢体语言可以赢得别人对你的信任。同时沟通中态度决定一切，没有正确的态度，你也很难表现出恰当的肢体语言，更难赢得别人的信任。

2. 人际风格的沟通技巧（见表3-1）

表3-1　人际风格的沟通技巧

人际风格的类型	人际风格的特点	沟通技巧
分析型	严肃认真、有条不紊、合乎逻辑、注意细节等	注意细节、遵守时间、一丝不苟、语言专业等
支配型	果断独立、注重效率、能力强、说服力强等	讲究实际、目的明确、答案清晰、重在贯彻等
表达型	外向热情、直率幽默、不拘小节、活泼合群等	精神饱满、直截了当、确认细节、神情专注等
和蔼型	合作友好、耐心细致、轻松亲切、目光交流等	良好关系、保持笑容、多加鼓励、眼神交流等

3. 有效利用肢体语言

1）第一印象，决定性的7s。

2）说话语气及音色的运用。

3.1.5 电话沟通的技巧（见表3-2）

表3-2　电话沟通的技巧

项　目	内　容
电话沟通的基本技巧	1）电话机旁应备笔记本和笔 2）先整理电话内容后拨打电话 3）态度友好 4）注意语速和语调 5）少用专用语和简略语 6）养成复述确认的习惯
接听电话的程序	1）听到铃声响2次后拿起听筒 2）自报公司名称及科室名称 3）确认对方姓名及单位 4）寒暄问候 5）商谈有关事项、确认注意事项 6）礼貌地道别，轻轻地放好话筒
拨打电话的程序	1）按重要程度整理谈话内容并记录 2）确认对方的工作单位、姓名及单位 3）自报公司名称及本人姓名 4）寒暄问候 5）商谈有关事项，确认注意事项 6）礼貌地道别，轻轻地放好话筒

（续）

项　目	内　容
转接电话的技巧	1）确定关键字句。准备记录电话时间、姓名、公司、电话等 2）慎重选择理由。慎重选择被指定接电话的人不在的原因，可以是出差在外、休假或临时离开，但注意不能透露人不在的具体原因，如出差地点、去办理何事等，防止商业机密泄露
应对特殊事件的技巧	1）当听不清对方的话语时，可以说："对不起，刚才没有听清楚，请再说一遍好吗？" 2）友好地处理打错的电话，使对方对自己及公司抱有初步好感

任务实施

3.2　汽车维修职场沟通实训

3.2.1　汽车维修职场沟通准备

1. 场地准备

汽车维修服务站办公室、车间、上级领导办公室等。

2. 设备准备

各类办公用具等。

3. 角色准备

分配每个实习生担任一个角色，包括服务站办公室同事 2~5 人，上级领导 1 人，下属 2~5 人，准备好相应的工作服、道具、表格和台词。

3.2.2　与同事沟通技巧实训

1. 了解办公室"政治"

办公室环境是由人构成的，相互间都会产生影响，从而影响到其他人的想法、氛围及工作开展。人的能力由很多方面组成，如情商（图3-4）、智商、性格、学历和才华等，而学历、才华能在初入职场时为个人能力加分，但真正能让你在职场存活下来的是你的情商及应变能力、协调能力。

办公室"政治"活动是待人接物的态度及方式，是应对时进退的分寸把握，是常态存在的。因此，我们谨记害人之心不可有，防人之心不可无，

图 3-4　情商

融入其中，与同事、上司融洽相处，让上司及同事成为我们的良师益友，这能帮助我们顺利开展工作。

2. 适应办公室环境

（1）注意自己的修养　第一印象常常影响到你的最终形象，你的外表也会影响到工作表现。因此，必须注重办公室的仪表及礼仪。

（2）对自己负责　需明白：从你进入工作的第一天起，就没有人宽容你的错误，所有言行举止造成的后果均需自己负责。

1）严格遵守作息时间　守时不是准点上班及准点下班，应当是准点开始工作，因此提前10min到达单位并做上班前准备是应该的。另外，下班前要确保已经完成了当天的工作，一个团队的工作，时间节点很重要，你滞后就意味着整个团队的工作均被延误。

2）关于请假　如果生病或有事情需要请假，一定要提前向上级请假，尊重领导的同时让领导有时间调整工作安排。

3）不要占用公司电话谈私事　上班时间使用公司电话谈私事是不允许的，也留给别人贪小便宜的印象。如果有急事需要打电话，记住使用自己的手机并简短些。

（3）告别学生时代　一旦走进社会，你就不再是一名学生，学生时代留下的东西，可以丢掉了。

工作中，如果你达不到工作的要求，老板只会让你走人。

工作中，在你的言行举止中表现出对别人的尊重是最基本的要求。记住：别说"你"，要称"您"。

（4）力求公私分明　以公司为家，似乎是一个优秀员工应具备的标准。但是，公司永远不是你的家，同事也不是你的家人，不要用家的概念来衡量。

1）不要分远近　与所有的同事（包括你不喜欢的同事）保持良好的关系，不要厚此薄彼。避免总是和自己的好朋友在一起，冷落了其他同事，也把自己孤立起来了。

2）习惯单独行动　公司讲团队合作，但具体到某项工作则通常是由某人独立负责的。因此，你要习惯一个人独立完成工作。

3）不要太热心　在工作中，每个人都有各自职责，背着上司随意分担别人的工作是不允许的。

4）不要涉及隐私　与同事的交往中，要避开这方面的话题。八卦别人的隐私，得罪同事的同时也引起其他同事对你的不信任。

5）管住自己的嘴　办公室不是互诉心事的场所，在办公室要避免辩论。不要成为"耳语"的传播者，当众炫耀只会招来嫉恨。

（5）积极面对新人

每个人都曾经是新员工，我们第一天踏进办公室时也会不知所措。所以我们应该积极帮助新人适应工作。

1）有容乃大　新人缺乏经验，难免犯错，因此我们不能抱怨、指手画脚，应当耐心指导，帮助新同事茁壮成长，他们会成为你的良好的合作者。

2）多多鼓励　面对新人的错误，不应太苛刻，而应该多多鼓励，让他们有勇气继续努力。

3）共同提高　对于新人，较容易受外界影响，你就是他们的"看板"。你工作的态度

会影响到他们的工作态度，因此你要做好表率。同时，新人也会带来新的思路，让你得以从不同角度重新审视工作方法，因此不妨多与新员工交流，共同提高。

（6）办公室"四要"和"四不要"（见表 3-3）

表 3-3　办公室"四要"和"四不要"

项　目	内　容
四要	1）要热爱工作。只有爱上自己的工作，才能开心工作，承担自己的责任 2）要学会微笑。爱笑的人运气都不错。无论对上司、同事、新人、客户或保安、保洁阿姨，都应该展示我们的笑容，良好的亲和力能赢得公司上下的好感，这是我们事业发展的重要因素 3）要善解人意。做个有心人，同事过生日发个信息祝贺；同事生病时递上开水，分担工作；同事尴尬时帮忙解围。养成以上良好的习惯，举手之劳就能让你获得好的人际关系 4）要尊重他人隐私。尊重别人，不要谈论别人的隐私
四不要	1）不要轻易表达意见。每个公司都有不尽如人意的地方，也许你有很多改进的想法。但是事情的背景你并不知道，所以别轻易说出来。你应该把满腔热情用在努力干好自己分内工作上 2）不要迟到。经常迟到会成为别人诟病的话柄，影响你的职业发展。即使偶尔一两次迟到，也可能被别人夸大成经常迟到 3）不要因为个人的好恶影响工作。我们一般会比较喜欢某些人，比较讨厌某些人。但是工作和交朋友是两码事，应该丢掉个人好恶，共同合作，完成任务才是最重要的 4）不要太严厉。工作也是生活，同事间也有人情。如果你在工作中都是很严厉地对待同事、下属，同事之间相处过于商务形式的话，你会被认为是一个刻薄的人，无法赢得人心，在合作的工作上也无法调动同事的积极性

3. 办公室生存法则

1）不要置身事外、漠不关心，也不要兴风作浪、钩心斗角，要与人为善，耳聪目明，随机应变。

2）融入团队，成为团队中重要的一员，功劳与荣耀要与团队伙伴共同分享，构建良好的人脉。

3）睁大眼睛，看清是非；竖起耳朵，消息灵通；闭紧嘴巴，避免惹祸；开动脑筋，远离是非。

4）不过问及宣传他人私事；不张扬显示个人优点；心胸开阔，视野宽广，多学习别人的优点，少在意别人的不足。

5）多与上司沟通，让他感到你的可靠、可信，不要让他感到威胁。

6）枪打出头鸟，事事争先、争荣耀将惹人嫉恨，荣耀应当与大家分享。

7）埋头工作，不要说说笑笑，显得不踏实。

8）对爱搬弄是非的同事，既不害怕，也要少与之靠近。

4. 与同事相处的学问与艺术（见表 3-4）

表 3-4　与同事相处的学问与艺术

项　目	内　容
处理好自己的嫉妒心理	走出来，以第三方的心态去分析别人成功背后的因素，借此提升自己，努力去超过对方 眼光长远、淡定，想开些可以消除嫉妒

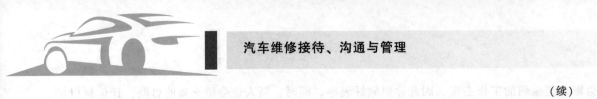
（续）

项　目	内　容
同事间的办事策略	办不好的事还是不要办 不该办的事绝对不能办 拒绝请求时要注意： 别不给对方机会说明或没有听完对方请求的内容就回绝 别自己不说明任何理由就立刻回绝 别口气生硬、面露怨恶之情 别模棱两可地回答，让对方空等
用恰当的赞美创造友好的气氛	不同的对象、不同的关系、不同的场合，应该选择应景的赞美题材 赞美可采取直接、间接、含蓄、预先等赞美方法
如何给同事好印象	保持良好的生活习惯和身心健康 穿着打扮得体，适合场合 态度诚恳从容、礼貌周到 熟悉礼仪、进退有节、安分守节 谈话内容、技巧、语调、表情得体 此外还需要自然流露信心与自信
与人交谈的礼貌	身体面对对方，不依靠任何地方，也不任意摆动 眼睛应温和地注视对方双眼 语气平和、坚定，不能只顾自己表达，不任意插嘴 双手切忌交叠胸前，或者玩或敲击任何东西

　　职场的交际、沟通有很多规律可以探索，但没有绝对，永远都需要因地、因人、因时、因事而异，这需要在职场生活中不断摸索提升。

3.2.3　与上司沟通技巧

1. 上司的重要性

　　处理好与上司的关系是人际交往中很重要的一个方面。我们应该在生活的课堂里学好这门课程。

　　与上司关系的两种错误观念：一种是处理好上下级关系是上司的事，我是下属，只要尽职工作就可以了。另一种是靠奉承讨好、溜须拍马来与上司搞好关系，这样做，既丧失自己的人格尊严，也不利于工作。

　　（1）为什么上司很重要

　　对于下属来说，与上司保持一种有效关系很重要，主要原因如下：

　　1）可以改善下属的职业前景。如果上司是下属的朋友、支持者，那他在工作过程中会努力地创造机会提升下属的工作能力，创造晋升条件。

　　2）可以提高下属的工作业绩。上司可以给下属的工作提供正确指引、有力支持，避免

下属的工作方向错误。

（2）如何看待上司

1）不要把上司看作高高在上的权威者　上司不应被看作高高在上，对别人不断发号施令的人，上司更应该被看作是一个具备有效提问及关系管理技能，能帮下属实现目标的人，这样下属才不会反感他，才会亲近他并在工作中进言献策。

2）上司进行工作是为了把工作做好　每个人都希望把工作做好，上司是这样，下属也是这样。所以下属要主动与上司沟通，共同把工作做好。

（3）如何与上司保持良好的人际关系

与上司相处，宜做好以下几点：

1）学会与上司交谈　首先消除紧张情绪，集中注意力，听清上司的谈话内容，理解上司意图；其次当上司讲完后，应稍做静思，以示对其讲话的记忆和思索；然后提出问题，确保正确理解上司的谈话要点。

2）简洁明顺地向上司汇报工作　上司的时间宝贵、紧凑，应理清自己报告的逻辑，尽量简洁地向上司汇报。

3）掌握提建议的要诀　上司并不能在所有领域都擅长，在自己所属领域，有时自己的观点或方案比上司的更加有效。

上司需要时，我们应该提出一个能让上司接受的观点或建议，提供多个方案，说明各方案的长短利弊，供上司选择。

4）了解上司　对于上司的工作习惯、职业目标和生活爱好等，我们都应该了解，并向上司靠拢，这会让我们的工作思路紧随上司，形成工作合力。

5）适当恭维上司　人性的弱点决定了人是最禁不起恭维的动物。

6）以积极的方式避免与上司产生矛盾　人与人之间产生意见分歧是难免的，上司与下属之间也难免，作为下属应该以积极的方式处理同上司的意见分歧。上司职位高，接收到的信息更广更深，其视野宽广，全局观更强，下属应换位思考，从上司的角度来看待分歧。

7）在工作中发展自己

① 独立自主解决问题。工作中要注重团队合作精神，一定要与同事协同作战，不能脱离团队。谨记守位、补位、归位、不越位。

但当突发事件发生时，如能独立自主地解决问题，为上司分忧，给公司做贡献，也可以显示自己的才干，获得上司赏识，取得晋升的机会。

② 别把晋升寄希望于资历。高明的上司会把提升下属作为达成明天的途径，而不是奖励下属昨天的成就。因此，别以为资历高，就可以自大、目空一切，自以为就该轮到自己晋升。努力提升自己能力，紧随上司步伐，才能得到上司的重用。

2. 向上司请示汇报的技巧

（1）请示与汇报的程序

1）仔细聆听上司的命令　团队工作会分解到个人来专项负责，如果上司明确指示你去完成某项工作，可以使用 5W2H 的方法（图 3-7）来快速记录工作要点，即明确时间

（When）、地点（Where）、执行者（Who）、需达成目的（Why）、需做什么工作（What）、怎么样去做（How）及多少工作量（How Many）。上司下达命令后，立即简明扼要地向上司复述要点，确认是否错漏，避免工作方向错误。

图 3-5　5W2H 方法

2）与上司探讨目标的可行性　上司下达命令后，通常会希望下属有解决问题的大致思路，便于宏观上把控工作进展，不至于跑偏方向。所以，下属需要及时与上司探讨初步的解决思路，特别是存在的困难及需上司协调的事宜，以便获得上司的信任及支援。

3）拟订详细的工作计划　在明确工作目标、开展思路后，需尽快拟订工作计划，详细阐述行动方案、步骤及时间节点，再次交于上司审批，以便上司对工作的总体把控。

4）在工作进行之中及时向上司汇报　按照拟订的计划开展工作，应当留意，如果工作进度与工作计划不一致，无论提前或延迟，均需及时向上司汇报，让上司知道你在干什么，取得了什么成效，并及时听取上司的意见和建议。

5）在工作完成后及时总结汇报　工作完成后，需及时对本次工作进行总结汇报，感谢上司指导、同事精诚合作，总结成功经验，挖掘不足，提出改善意见。

汇报是与上司沟通的重要途径，是点睛之笔，应该尽力做到完美无瑕。

（2）请示与汇报的态度

1）尊重而不吹捧　作为下属，应当充分尊重上司，在各方面维护上司权威，配合上司的工作。在困难面前要主动出动替上司解围，排忧解难。

2）请示而不依赖　在自己的职权范围内大胆负责，不能事事请示，遇事有主见，能替上司独当一面。

如遇到超越自己职权范围的事情，可向上司汇报请示，但内心必须要有解决的方案，以备上司询问。

如遇突发的重大事情，无法及时联系到上司定夺，则需要补位，站在上司的角度上，充分权衡利弊后采取最优方案，避免公司及上司遭受损失。

3）主动而不越权　一方面工作要积极主动，要敢于陈述建设性意见。不能唯唯诺诺，犯以下两种错误：一是上司说啥是啥，让做啥做啥，反正好坏都不关自己事；二是自视甚高，不研究上司的工作思路，不落实上司的工作安排，另搞一套，阳奉阴违，拆上司台。

另一方面，在积极主动工作的前提下，要维护上司的权威，维护团队团结，不能擅自超越自己的职权范围。因特殊原因补位后，必须及时归位。

（3）与各种性格的上司打交道的技巧

每个人的经历不同，性格都会不同，上司也是各有各的风格，需仔细揣摩每一位上司的不同性格，交往中区别对待，运用各种沟通技巧。与各种性格的上司打交道的技巧见表 3-5。

表 3-5 与各种性格的上司打交道的技巧

上司的类型	性格特征	沟通技巧
控制型上司	充满竞争心态 态度强硬 要求下属立即服从、执行 求胜目标明确,实际、果断 抓重点,对琐事不感兴趣	开门见山,简明扼要,干脆利索 尊重上司权威 认真对待并完成命令 有不同建议可私下建言 对上司取得的成就予以赞赏
互动型上司	善于交际,喜欢与他人互动交流 喜欢享受他人对他的赞美 凡事喜欢参与	友善相处 多与上司开诚布公地沟通,避免私下发泄 不满 宜公开赞赏上司的长处
实事求是型上司	讲究逻辑,不喜欢感情用事 为人处世有一套标准 凡事需有依据 理性思考但缺乏想象力	直截了当,直接谈论实质性的事情 直接作答,但结论需要有依据 汇报论点必须有充分的依据做支撑

(4) 说服上司的技巧 (图 3-6)

当你对一些事情有不同的主张时,怎样说服上司,让上司支持自己的主张呢?

1) 选择恰当的提议时机 上司工作很繁忙、心情不好时不是提建议的好时机。反之,在上司心情愉快、精力充沛时提出建议,则容易得到上司支持。一般来说早上上班稳定后或下午午休后是提出建议的好时机。

2) 换位思考 养成自上而下的思考及汇报习惯。明确主论点,分论点支撑有力。

首先必须正确掌握上司的目标,然后自上而下思考达成上司目标的最有利论点,充分考虑各影响因素的分论点作为主论点的支撑。

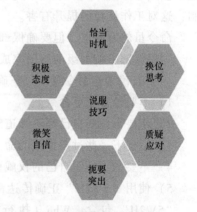

图 3-6 说服上司的技巧

主论点能有效地实现上司的目标,作为支撑的分论点必须有说服力,有数据支撑。相关的数据和资料,需用心归纳并做成图表式的书面材料,便于上司理解。

忌讳主观臆断,拍脑袋提建议。

3) 质疑应对 充分设想上司的质疑,事先准备应对。

4) 说话简明扼要,重点突出 向上司汇报,一定要简单明了,重点突出,回答上司最关心的问题,别让上司产生歧义。如果公司计划投资某项目,上司最关心的还是投资回报率的问题,他希望了解该项目投资的前景、金额、收益、盈利的可持续性。那在汇报时就应该围绕这些内容进行,先汇报结果,需要时汇报依据,依据必须充分、有力。

5) 面带微笑,充满自信 在与人交谈的过程中,语言与肢体语言各占 50%。面带微

笑，充满自信，体现了我们对自己提议的信心，这将更加容易让上司相信你。

6）态度及心态更重要　上司需统筹全局，即使你的方案做得再完美，仍然有被驳回的可能。这不重要，重要的是你应该从中进一步揣摩到上司的战略，更紧随上司的战略步伐，调整方案内容，让上司感受到你积极、主动的工作态度比一次汇报结果更重要。

总之，上司也是人，也希望建立融洽和谐的上下级关系。所以与上司沟通，无须害怕，勇敢去做，可运用以上沟通技巧，灵活运用并不断积累经验，这能给我们的职场生活带来更多精彩。

3.2.4　与下属沟通技巧实施

作为一名领导，除了要为部门的经营策略、业务、客户关系等问题殚精竭虑之外，还需要关注怎样处理好与部下的关系。建立一个关系融洽、积极进取的团队，很大程度上取决于领导是否善于与部下进行沟通，是否善于运用沟通技巧。

1. 下达命令的技巧

命令是领导对部下特定行动的要求或禁止。命令的目的是要让部下按照领导的意图完成特定的工作。

它也是一种沟通，带有职权关系，隐含着强制性，会让部下有被压抑的感觉。如果上级经常使用命令的方式要求部下完成工作，也许工作看起来很有效率，但部下的积极性会被压制，这对工作质量的提升有害。

命令虽然有缺点，但要确保部下能一致朝公司确定的方向与计划执行，命令是必要的。

为确保部下按上级的意图完成指定的工作，下达命令时要注意以下两点：

（1）正确传达命令意图　正确传达命令意图的要点如下：

1）不要经常变更命令。

2）不要下一些自己都不知道缘由的命令。

3）不要下一些过于抽象的命令，让部下无法掌握命令的目标。

4）不要为了证明自己的权威而下命令。

5）使用"5W2H"正确传达命令。

"5W2H"包含：Who（执行者）、What（做什么）、When（时间）、Where（地点）、Why（为什么）、How（怎么做）、How Many（工作量）。

（2）使部下积极接受命令　使部下积极接受命令，有助于提升部下的工作积极性及创造性。这需要打破"命令→服从"的固有认知。注意以下五个传达命令的技巧（图3-7）：

1）尊重。上级下达命令时要态度和善、用词礼貌。懂得尊重别人，才能得到别人的尊重。

2）重视。上级要让部下明白下达的命令的重要性，这样才能激发部下的成就感，让部下更加竭尽全力完成工作。

3）授权。上级要以结果为导向，给部下更大的自主权去发挥个人创造力。上级可关注阶段进展，但不应该参与过细的内容。

4）跟进。上级要关注项目的阶段进展，当部下遇到困难时，与部下共同分析问题，探讨状况，尽快提出解决方案。

5）答疑。上级可询问部下有什么问题或建议。当部下提出好的意见时，可以采纳并称赞他。

不过要注意，作为领导，不能优柔寡断，一切行动也必须符合公司的方针政策。正所谓"命令如山"，公司只有保持统一的行动方向，才能形成合力，完成工作。

2. 与下属相处的技巧

（1）与下属相处的基本要求

1）当好下属的表率 服饰、举止、语言正是构成形象魅力的三要素，也是发展人际关系所必需的三个"工具"。

2）敢于替下属承担责任 聪明的上级敢于替下属承担责任。这可以免除下属的担忧，让下属忠于上级，勇于完成上级下达的命令。

3）正确对待下属的抱怨 正确对待下属的抱怨的要点如下：

① 心胸宽广，什么都听得进去。

② 对下属有耐心。

③ 关心下属。

④ 听得懂下属的弦外之音。

⑤ 对于下属的抱怨，要做出正面、清晰的回答。

图 3-7 传达命令的技巧

4）对下属多赞扬、多鼓励 当下属做出成绩时，无论成绩大小，上级均应当给予一定的赞赏，让下属感觉到他的工作得到领导的肯定，这能有效激发下属的工作热情。

5）批评和训诫下属时必须注意方式 下属犯错，上级在做出批评时要注意场合、态度、方式，考虑下属的面子，让下属心悦诚服。

（2）与下属沟通的技巧

1）关心下属 通过主动询问、问候、了解需求及困难来关心下属。

2）支持下属 通过给予认可、信任，以及给予精神、物质支持来帮助下属开展工作。

3）指导下属 通过引导、反馈、考核、在职辅导、培训来指导下属工作。

4）理解下属 通过不定期与下属闲谈、倾听下属心声来理解下属。

5）指令明确 指令要清楚，不多头领导，健全沟通渠道。

6）对下属的工作及时反馈 定期给下属工作上的反馈。

（3）赞扬下属的技巧

1）赞美的作用 要想建立良好的人际关系，恰当的赞美是必不可少的。事实上，被赞美的人宁愿做出惊人的努力，也不愿让赞美的人失望。荣誉和成就感是人高层次的需求，而赞美能满足该需求。

赞扬下属是对其行为、举止及工作给予正面的评价。赞美是发自内心的肯定与欣赏，向下属传递一种肯定的信息，让下属更有自信、更积极地开展工作。

2）赞美的技巧 赞美的技巧如下：

① 态度要真诚。

② 内容要具体。

③ 场合要恰当。公开赞扬的内容必须是大家客观认可的，否则难免引起其他人的不满。

④ 适当运用间接赞美的技巧。借用第三者的话来赞美对方，这往往比直接赞美的效果更好。例如，上级对下属说："小林，我前两天和吴总谈起你，他很欣赏你对客户的热心与细致，这个值得大家学习，你好好努力，不要辜负吴总对你的期望。"这种赞扬会让下属深受鼓舞，他也会感激你的提携。

总之，赞美是人们的心理需要，是对他人尊重的一种表现。赞美给人以舒适感，同时也改善上级与下属之间的关系。

（4）批评下属的方法

正所谓"良药苦口、忠言逆耳"。有些领导怕批评下属影响人际关系，造成下属的不当行为无法得到纠正；有些领导批评下属后，不但没有改善下属，反而使下属产生更多的不满。这是因为领导在批评他人的时候缺乏技巧的缘故。既然良药能包上糖衣而不苦，那么我们为什么不能研究一下批评他人的技巧，让忠言不逆耳。

1）以真诚的赞美做开头　一个人犯了错误，并不等于他一无是处。如果只批评他的短处而不提他的长处和功劳，容易使下属心寒。因此在批评下属前要先肯定下属，那么他就会主动放弃心理上的抵抗，对你的批评也就更容易接受。

2）要尊重客观事实　批评别人是严肃的事情，必须客观具体，就事论事，对事不对人。

3）批评时不要伤害下属的自尊心与自信心　上级批评下属时要注意不要伤害其自尊心与自信心，否则容易使下属产生对抗情绪或失去自信，这脱离了批评是为使下属变得更好的初衷。上级可以使用这样一些技巧，例如："我以前也会犯下这种错误……""你以往的表现很出色，这种错误应该是偶发犯下的，希望你以后不会再犯这样的错误。"

4）友好地结束批评　批评或多或少会对下属造成一定的压力，所以每次批评都应该尽量在友好的气氛中结束，这样能避免给下属造成精神负担，产生消极情绪，同时也让下属心悦诚服，对上级充满感激。例如，上级可以在批评结束时对下属说"我相信你会做得更好"并报以微笑，让下属觉得此次批评更像是对他的鼓励。

5）选择适当的场合　批评时要选择在单独的场合进行，如独立的办公室或无其他人的会议室等都是不错的选择。这样能避免伤害到下属的自尊心。

每个人都会犯错，上级要本着爱护下属的心态，有宽广的胸襟包容下属的过失。同时也要注意运用上面五个要点，当下属的行为不当时，要果敢去批评指正下属，这对公司的发展、下属的成长都有正面的作用。

任务总结

1. 沟通是为了一个设定的目标，把信息、思想和情感在个人或群体间传递，并且达成一致的过程。沟通应注意三大要素、两种方法、三种行为、五种态度和各种技巧，要根据对象、目标的不同进行有效沟通。

2. 要了解办公室"政治"，记住办公室"四要"和"四不要"。善与同事沟通，严于律己，宽以待人，融洽相处，团队合作，共同把工作搞好。

3. 与上司沟通，无须害怕，勇敢去做。可根据不同的上司，灵活运用不同的沟通技巧，

这能给我们的职场生活带来更多精彩。

4. 对于与下属的相处，要做表率作用，要善于使用"5W2H"正确传达命令，要善于发现下属的优点，多加表扬，也要有宽广的胸襟包容下属的过失，勇于承担责任，同时也要注意运用适当的方法去批评指正下属。

作　业

完成"学习工作页"3.1~3.10各项作业。

任务 4
汽车维修接待礼仪

学习目标

1. 掌握礼仪的含义及其重要性。
2. 熟悉礼仪基本内容与分类。
3. 学会汽车维修各种接待礼仪。
4. 培养良好的团队精神与职业道德。

任务描述

客户王先生来 4S 店进行车辆首次保养，售后服务顾问小雪负责接待，应该注意哪些礼仪？

任务准备

4.1 汽车维修接待礼仪信息收集

1. 礼仪

礼仪是一种待人接物的行为规范。"礼"字和"仪"字指的都是尊敬的方式，"礼"，

多指个人性的；"仪"，则多指集体性的，像开幕式、阅兵式等。汽车维修接待礼仪是在接待汽车维修客户时的礼仪。

2. 礼仪的重要性

礼仪是在人们的社会活动中，为了维护一种稳定的秩序，保持一种交际的和谐而产生的。对一个人来说，礼仪是一个人的思想道德水平、文化修养、交际能力的外在表现；对一个社会来说，礼仪是一个国家社会文明程度、道德风尚和生活习惯的反映。我国自古就是礼仪之邦，《春秋左传正义》云："中国有礼仪之大，故称夏；有服章之美，谓之华。"孔子说："不学礼，无以立。"有待我们认真学习，代代相传。图 4-1 为孔子行周揖礼。

图 4-1　行周揖礼的孔子像

3. 礼仪的内容与分类

礼仪涉及穿着、交往、沟通、情商等方面的内容，大致分为政务礼仪、商务礼仪、服务礼仪、社交礼仪、涉外礼仪和外交礼仪六大方面。

汽车维修礼仪按照企业岗位分主要有服务顾问等 12 个岗位（图 4-2）。就汽车维修接待岗位而言，主要表现在举止文明、动作优雅、姿态潇洒、手势得当、表情自然、仪表端庄和与客户交流的方法与技巧得当等方面。

图 4-2　汽车维修企业岗位

4. 仪容、仪表与仪态

（1）仪容　仪容是指人的容颜、容貌，包括五官的搭配和适当的发型衬托。总的要求是干净、美观、适度。仪容的要求和禁忌见表 4-1。

表 4-1　仪容的要求和禁忌

项目	仪容的要求	仪容的禁忌
头发	1）头发干净整齐，长短适中，发型得体，美化自然 2）男性员工短发 3）女性员工发型及发色文雅、庄重，梳理整齐，留长发的员工应用发夹或丝带固定头发	1）禁止使用带刺激气味的定型发胶 2）男性员工禁止留长发和染色 3）梳理头发不宜当众进行 4）断发和头屑不宜随手乱扔

（续）

项目	仪容的要求	仪容的禁忌
面容（包括眼睛、耳朵、鼻子、嘴巴、脖颈）	1）要求面部洁净、端庄 2）口腔卫生，口气清新 3）男性员工胡子刮干净，定期修剪鼻毛 4）女性员工可以化淡妆	1）口腔不带异味。鼻毛不露在外面，不要有污垢 2）男性员工禁止带耳饰 3）女性员工避免佩戴过大、怪异的饰物；化妆注意适当，不能在公共场所和工作时间化妆，不在男士面前化妆，不非议他人的妆容
手臂（包括手掌、肩臂和汗毛）	1）保持清洁、干燥，勤于清洗 2）勤剪指甲，以不超过手指指尖为宜 3）手臂上汗毛过浓或过长，应采用适当的方法进行脱毛	1）手掌忌有汗水 2）不留长指甲，不要有污垢 3）手臂，尤其是肩部，不应裸露在外 4）不宜穿半袖或无袖装；汗毛过密、过浓应避免露在外面 5）女性员工不要涂颜色鲜艳的指甲油，不要贴怪异的指甲贴花
腿部（包括脚部和汗毛）	1）脚部干净无异味 2）勤洗脚、换袜，勤剪趾甲和换鞋	1）脚部忌露出 2）避免赤脚和光脚穿鞋 3）忌将腿部和汗毛露出在外

（2）仪表 仪表指的是人的外表，着重指服饰方面。总的要求是大方得体。具体要求和禁忌见表4-2。

表4-2 仪表的要求和禁忌

项目	仪表的要求	仪表的禁忌
服装	1）穿着标准工作服，保持干净整洁，领口、袖口无污迹；系好所有纽扣 2）西服/套裙应熨烫平整，保持笔挺，与衬衫搭配协调；领带/领花要紧贴衬衣领口中央 3）男士正装遵循三色原则（全身的色系不多于三种）；三一定律（鞋子、腰带、公文包颜色一致）	1）忌工作服不干净整洁 2）领带打法要正确 3）女士不准穿黑色皮裙，不能光腿 4）女士不要"三节腿"（裙子一节，袜子一节，小腿一节）

（续）

项目	仪表的要求	仪表的禁忌
鞋袜	1）车间及仓库工作人员统一穿劳保鞋，其他人员统一穿皮鞋 2）鞋带要系好，鞋面保持洁净亮泽 3）男性员工穿黑色或深色袜子；女性员工穿裙装制服时应配肤色长丝袜 4）穿皮鞋的女性员工，鞋跟应在 5cm 以内	1）禁止穿拖鞋、凉鞋、球鞋或露脚趾的皮鞋 2）禁止裸露腿部 3）不穿残破的袜子 4）不穿不配套的鞋袜
工作牌	1）统一佩戴工作牌 2）端正地佩戴在最外层的工作服左侧胸前	1）忌无工作牌 2）忌工作牌佩戴位置不对 3）禁止工作牌放在口袋里面

（3）仪态 仪态是指人的姿态，着重在举止方面。总体要求是典雅、大方。具体要求和禁忌见表 4-3。

表 4-3 仪态的要求和禁忌

项目	仪态的要求	仪态的禁忌
面部表情	1）神情自然，面带微笑 2）与客户谈话的时候，眼睛应看对方的眼睛、眉宇间或嘴巴的"三角区"	1）忌无表情、似笑非笑、苦笑、奸笑，谈话时尽量少努嘴和撇嘴 2）不能对客户长时间凝视，切忌斜视和心不在焉
手势	1）手势幅度适度，自然亲切，多采用柔和的曲线 2）在给客户指引方向时，要把手臂伸直，手指自然并拢，手掌向上，以肘关节为轴，指向目标	1）手势动作幅度不宜过大，次数不宜过多，不宜重复 2）忌易误解的手姿和欠稳重的手姿 3）不可用手指着别人，不可背后对人指指点点 4）双手不要叉腰或交叉在胸前

（续）

项目	仪态的要求	仪态的禁忌
站姿	1）男士标准站姿：双眼平视，下颌内收，颈部挺直；双肩自然放松端平，收腹挺胸；双臂自然下垂，处于身体两侧，或者右手轻握左手腕部，左手握拳放在小腹前或身后；脚跟并拢，脚呈"V"字形分开，两脚脚尖的间距约一拳；或者双脚平行与肩同宽 2）女士标准站姿：头部抬起朝正前方，双眼平视，下颌内收，颈部挺直；双肩自然放松端平且收腹挺胸；双臂自然下垂，处于身体两侧；或者将双手叠放于小腹前，右手叠加在左手上；双腿紧绷，两脚呈"丁"字形或脚呈"V"字形分开，或者平行站立	1）避免垂头、垂下巴 2）避免含胸、腹部松弛、腹部凸出、臀部凸出 3）避免耸肩、驼背、斜腰、双手叉腰 4）避免依靠物体 5）避免双手抱在胸前 6）避免屈腿
坐姿	1）头部挺直，双目平视，下颌内收；身体端正，两肩放松；挺胸收腹，上身微微前倾；采用中坐姿势：坐椅面 2/3 左右；手自然放在双膝上或椅子扶手上 2）男士双腿并拢或分开，间距不宜超过肩宽。女士双腿靠紧并垂直于地面或斜侧	1）忌双腿叉开过大，架腿方式欠妥，双腿过度伸张，腿部抖动摇晃 2）忌将脚尖翘起来，脚尖指向别人，鞋底一览无余，用脚蹭踏物体，用脚自脱鞋袜 3）忌与人交谈时身靠椅背
走姿	1）上身保持站立的标准姿势，挺胸收腹，腰背笔直 2）两臂以身体为中心，前后自然摆动。前摆约35°，后摆约15°，手掌朝向体内 3）起步时身子稍向前倾，中心落在前脚掌，膝盖伸直 4）脚尖向正前方伸出，行走时双脚踩在一条线缘上	1）忌手臂摆动幅度过大，速度过快或过慢 2）忌出现含胸、歪脖、斜腰及挺腹等现象 3）走路避免鸭子步（摇摇摆摆）、螃蟹步（横行霸道）、斜行步（歪歪斜斜）、点地步（脚尖先着地）、外八字步和内八字步

（续）

项目	仪态的要求	仪态的禁忌
蹲姿	以右脚在前为例： ●右脚在前,前脚着地,两腿靠紧 ●左脚稍后,脚掌着地,后跟提前 ●左膝低于右膝 ●臀部下沉、身体重心由右腿支撑	1)避免两腿叉开,臀部向后撅起 2)避免展开两腿下蹲 3)忌下蹲时内衣暴露

5. 言谈礼仪

言谈是门艺术,它是人际交往的基本活动,关系到双方加深了解、感情交流、增进友谊、促进合作。言谈礼仪的基本要求和禁忌见表4-4。

表4-4　言谈礼仪的基本要求和禁忌

项目	言谈礼仪的要求	言谈礼仪的禁忌
言谈的基本礼仪	1)表情大方,谈吐文雅,对客户友好、尊重 2)交谈时,要正视对方;别人谈话时,应注意倾听;和许多客人在一起交谈时,目光和话题不要放在某一个人身上 3)谈话的声音适中 4)谈话的内容与表情要分场合,因地制宜,恰到好处	1)忌表情傲慢,双手叉腰,身体晃动,夸夸其谈,轻易打断别人的谈话 2)忌漫不经心,东张西望,似听非听,摆弄手中或身边的物件 3)忌不当使用手机、随便吐痰、随手扔垃圾、当众嚼口香糖、当众挖鼻孔或掏耳朵、挠头皮、打哈欠 4)忌不注意场合,喜庆时谈论疾病、死亡,致哀场合高谈阔论,喜笑颜开
礼貌用语	1)根据不同场合,恰当地使用礼貌用语,如:"您好""早上好""请""谢谢""麻烦您""对不起"等 2)常用的礼貌用语: 初次见面说"久仰",分别重逢说"久违",征求意见说"指教",求人原谅说"包涵", 求人帮忙说"劳驾",求人方便说"借光",麻烦别人说"打扰",向人祝贺说"恭喜", 求人解答说"请问",请人指点说"赐教",托人办事说"拜托",赞人见解说"高见", 看望别人说"拜访",宾客来临说"欢迎光临",送客出门说"慢走",与客道别说"再来", 陪伴朋友说"奉陪",中途离开说"失陪",等候客人说"恭候",请人勿送叫"留步", 欢迎购买叫"光顾",归还对象叫"奉还"	

6. 商务礼仪

商务礼仪是指在商务活动（如汽车维修接待）中的礼仪,也称为商务活动中的行为准则,其中包括了上述的仪容、仪表、仪态与言谈举止等礼仪,还有客人迎送、介绍、握手、交换名片、入座等礼仪,其具体要求及禁忌见表4-5。

表 4-5　商务礼仪的要求和禁忌

项目	商务礼仪的要求	商务礼仪的禁忌
客人迎送礼仪	1）接客： ① 起立，放下手中正进行的工作，主动向客户行鞠躬礼，并问候："欢迎光临!" ② 鞠躬问候客户时，男士双手自然垂放在裤线上或放在腹前，女士双手叠放在腹前，以腰为轴向前俯身15°。要保持温暖的微笑，头稍抬起，下颌微收，肩膀放松、放平，头、腰、背要自然挺起，保持一条直线 ③ 在走廊或楼梯上遇见客户，暂停行走，微笑问候客户，并让客户先通过 2）送客： ① 送行人员应提前到达送别地点。与客户握手，以惜别留恋的感情向客户表示良好的祝愿 ② 在公司接待，应该送出公司大门口，要目送客户上车或离开后才返回	1）忌接客时迟到 2）忌客站自己坐 3）忌爱理不理，态度傲慢，发火 4）忌送客时没有遵守约定的时间 5）忌态度冷淡
介绍的礼仪	1）自我介绍时的态度要自然、友善、亲切、随和、镇定自信、彬彬有礼，语速要正常，语音要清晰 2）介绍三要素包括姓名、单位及部门、职务和所从事的具体工作。常用语言是："您好！我是××公司××部门的××，您叫我××好了。"言简意赅，节省时间 3）注意应按一定顺序进行介绍，一般是先将主人介绍给客户，把年轻的介绍给年长的，把男士介绍给女士，把低阶介绍给高阶 4）被第三者介绍给对方时，要说"您好""久仰"或"见到您非常高兴"，表示友善，创造良好的气氛	1）为他人介绍时，一定要先了解双方是否有结识的愿望，不要贸然行事 2）忌介绍内容缺失 3）忌被介绍时不起立 4）忌用食指直指别人 5）忌介绍顺序不当
握手礼仪	1）握手时，保持手部清洁、干燥，掌心相向，表情应自然，面带微笑，眼睛注视对方 2）握手力度根据双方交往程度确定；和老客户可握稍紧些，表明对再次见面的热情 3）握手时间一般为1~3s，轻轻摇动1~3下 4）握手的顺序和出手顺序遵循"尊者优先"原则，即上级、长者、女士优先；先到者向晚到者伸手；告别时，由客户先伸手，表示感谢，并请主人留步	1）忌握手时手脏 2）忌握手不讲先后顺序，冒冒失失 3）忌握手时心不在焉，东张西望 4）忌握手时不摘手套、帽子 5）握手时掌心不要向下压，给人以压抑、傲慢、高高在上的感觉 6）忌握手时用力过久、过重或过轻

（续）

项目	商务礼仪的要求	商务礼仪的禁忌
交换名片礼仪	1)存放名片应使用名片夹,名片夹适宜放在上衣的口袋内 2)用双手的大拇指和食指握住名片。递名片时,正面面向接受名片的人,并轻微鞠躬点头致意,并说:"我是××,很高兴为您服务!" 3)接受名片时,必须点头表示感谢:"很高兴认识您!" 4)接过名片后,对名片上的内容默读一遍,以示尊重;如遇生僻字,应马上询问对方 5)收到名片后,应妥善保管,但不宜立即收起来 6)递名片的次序是由下级或访问方先递名片。如被介绍时,应由先被介绍方递名片。通常刚见面的时候就要递出名片,之后再做介绍。与多人交换名片时,由近而远,由尊而卑	1)忌名片放在钱包内 2)忌接受名片时只用左手接过,无反映,一言不发,看也不看或来回摆弄 3)忌在名片上面做标记或写字 4)忌将对方的名片弃于桌上、遗忘在座位上、交予他人或存放时不注意落在地上 5)忌等到临别时再给对方名片 6)忌交换名片次序不当
入座礼仪	1)客户未入座前,服务顾问需起立,应礼貌地请客户就座(正确手势为手掌向上),为客户扶住椅子;自己坐下的速度和力度要适中,不要太快或太慢、太重或太轻,离座要谨慎 2)入座遵循女士优先、长者优先的原则,待客户坐下后方可入座 3)座次原则是右方为上、前座为上、居中为上、离门远为上和景观好的位子为上	
交谈礼仪	1)语言清晰简洁,尽量使用客户易于理解的词汇,音量和语速适当 2)与客户保持目光接触,面带微笑,点头示意,热情大方 3)多采用建议性的说话语气 4)不要一边谈话一边做其他的事情	
电话礼仪	1)拨打电话时,姿势端正,声音清晰,内容讲清楚,强调要点 2)接听电话时在铃响3次内拿起电话(彩铃10s内接听),礼貌寒暄,主动报公司名称和自己的姓名 3)结束时,向对方表明诚意或道谢,等待对方挂电话后再挂 4)要认真倾听对方电话,内容要记录,中途不要打断对方说话	

任务实施

4.2　汽车维修接待礼仪实训

4.2.1　汽车维修接待礼仪准备

1. 角色准备

客户:王先生（或女士）,开车来4S店做首次保养。

接待（服务顾问）:小雪（或男生）,××汽车公司4S店服务顾问。

挑选 2 名实习生在全班演示。之后 2 人一组进行演练，可进行角色交换，或者选择其他角色进行演练。

2. 仪容准备

清洁五官，整洁身体。

3. 仪表准备

根据公司要求，选择合适干净的服装（工作服、鞋袜、领带、配饰等）。

4. 接待流程准备

安排好接待流程，选择好接待动作和应答词等。

5. 其他准备

根据工作需要，准备名片和实车检查单等。

4.2.2　汽车维修接待过程与礼仪

1. 出迎

王先生：开车来 4S 店。

图 4-3　出迎

小雪：出迎（图 4-3），面带微笑，示意客户停车。热情礼貌地主动向客户问候："先生，您好！请问有什么可以帮到您？"

王先生："我是来做首保的。"

小雪："好的，欢迎您！请跟我来。"

2. 指引客户停车

小雪：通过手势，指引客户停车（图 4-4）。保持离车辆左前 1m 左右的安全距离，指引客户将车辆停放妥当。之后拉开车门，单手护顶，让出空隙，请客户下车（图 4-5）。

图 4-4　指引客户停车

3. 问候

小雪："我是新来的服务顾问张洁雪，这是我的名片（图 4-6），叫我小雪就可以了。请问如何称呼您呢？"

图 4-5　客户下车

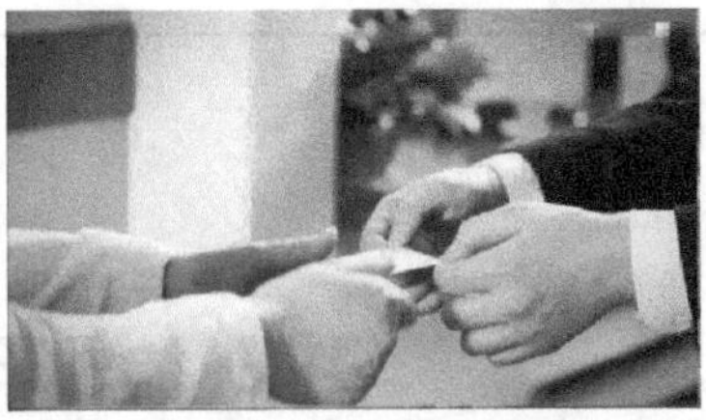

图 4-6　递名片

王先生："我姓王。"

小雪："王先生好，很高兴为您服务。"

4. 确认客户需求

小雪："请问除了首保，还有其他什么需求吗？"

王先生："感觉制动没有以前快，请检查一下。"

小雪："好的。"

小雪拿出实车检查单（图4-7），把王先生的需求记录在表上。并说："请提供一下您的《保修手册》好吗？"根据车辆《保修手册》，确认并记录了客户车辆的信息。

5. 问诊

小雪："王先生刚才说的制动没有以前快，能否告诉我这种故障的症状吗？大概在什么情况下出现的？例如，什么时间？什么路况？"（小雪运用5W2H的方法仔细询问，并记录在实车检查单上。）

图4-7　填写实车检查单

6. 实车检查

（1）安放三件套及座椅定位贴

小雪："请问车上有无贵重物品？请收好。我为您的爱车铺上三件套（图4-8），这可以在整个维修保养过程中最大限度地保护您的车辆内饰整洁。""这是座椅定位贴，如果在维修保养过程中需要移动座椅的话能及时将座椅调到您原来的位置。"

图4-8　安放三件套

（2）车内检查

小雪："王先生，我现在对您爱车内饰进行一个确认，请您跟我一块确认一下，好吗？"征得客户同意，进入车内，如图4-9所示。按照实车检查单的指引，记录客户车辆的行驶里程、油量，检查车辆电器（玻璃升降器、空调、天窗等）状态，如实记录并跟客户说明检查结果："您爱车目前已行驶了4900km，油量表约在1/3的位置，车内电器、内饰等都正常。"

图4-9　车内检查

（3）环车检查

小雪："王先生，请您跟我一块确认一下车辆的外观好吗？"引导客户一同从左前门开始，按顺时针方向开始进行环车检查（图4-10）并记录在实车检查单上。

小雪："请问能打开您的行李舱检查一下备胎及随车工具吗？"（检查至车尾时，征得客户同意，检查行李舱中的备胎及随车工具。）

小雪："经过检查，车身、轮胎等各部位都没有问题，请您确认。"（使用实车检查单，与客户确认检查结果。）

图4-10　环车检查

（4）确认实车检查单

小雪："王先生，请问此次换下来的旧件是否需要保留？请问此次车辆在做完项目后是否需要免费的车辆清洗？请问您车上是否还有贵重物品没有带齐呢？您看没什么问题的话在这里签个字好吗？"（请客户签名前确定实车检查单已填写完整。）

7. 引导客户至前台就座

小雪："王先生，请坐。"（引导客户就座，轻轻为客户拉开座椅，如图 4-11 所示。）"我们有四种免费饮料，有咖啡，可乐、茶水和雪碧，请问您喝哪一种呢？"（白开水不算饮料。）"这是您要的茶水，请慢用。"（双手递送饮品，注意不要碰到杯沿，杯子上的商标朝向客户。）

图 4-11　引导客户至前台就座

8. 核对客户信息，更新车辆信息

小雪："王先生，先跟您确认一下您的基本信息，请问您的联系电话还是 13××，地址××××，没变吧？"（核对客户信息，包括全名、电话、地址，如有变化立刻在 DMS 中更新。）更新 DMS 中的车辆信息，包括车牌、里程。

9. 单据制作

小雪："请您稍等几分钟，我给您下个计算机工单"（图 4-12）。参照实车检查单的记录，使用 DMS 制作施工单及估算单。客户等待期间可提供有关资料供客户阅读。

图 4-12　单据制作

10. 项目及估算费用说明

小雪："王先生，您的车辆这次已经开了 4900km，根据公司乘用车保养规范需要做一个首次保养。"（使用估算单、《保养手册》、施工单等向客户逐项指明并说明本次维修保养项目。）"项目是××，工时费用是××，零件费用是××，总费用一共是××。"（使用估算单向客户逐项说明本次维修保养的费用，工时费及零件费应分开说明。）"本次保养项目，加上洗车，预计在××（时间）可以交车，请您确认，如果没有问题的话请您在工单上签名。""这张实车检查单将作为您提车时的凭证，请您收好。""我们马上安排为您的车辆进行维修/保养，请问您在此期间是否在店等待呢？"

11. 引导客户进入休息区

王先生："在店等待吧。"

小雪："请您在客户休息区等待，这边请。"（亲自指引并带领客户至休息区。）

12. 介绍客户休息区

小雪："休息区内有上网区、阅读区等区域（图 4-13），请您稍做休息，车辆保养完成后我会及时通知您。如果有什么问题可以随时联系我。这是您的饮

图 4-13　介绍客户休息区

品，吧台处提供糖果及小点心，请随意享用；我们这边能提供免费餐食，请问您是否需要用餐？"

13. 后期接待

后期接待包括维修、交车、付款和送客等众多环节（详见任务 2 和任务 3），本任务侧重礼仪学习，不再赘述。

任务总结

1. 礼仪是一种待人接物的行为规范。汽车维修接待礼仪是在接待汽车维修客户时的礼仪。

2. 对一个人来说，礼仪是一个人的思想道德水平、文化修养、交际能力的外在表现；对一个社会来说，礼仪是一个国家社会文明程度、道德风尚和生活习惯的反映。

3. 汽车维修接待礼仪总体要求是举止文明、动作优雅、姿态潇洒、手势得当、表情自然、仪表端庄、与客户交流的方法与技巧得当等。

4. 汽车维修接待礼仪具体包括仪容、仪表与仪态、言谈礼仪和商务礼仪。

作　业

完成"学习工作页"4.1~4.6各项作业。

任务 5
汽车维修服务管理

O5

1. 掌握国家和行业、企业汽车维修的相关法律法规。
2. 熟悉组建高效售后服务团队的关键架构与制度。
3. 学会维修车间的工具、设备、车辆及 5S 服务管理模式。
4. 学会售后零部件的主要业务流程与相关工作职责。
5. 学会汽车维修的安全生产管理。
6. 培养良好的职业道德与安全、环保意识。

任务描述

  汽车 4S 店培训部陈主任给实习生小李等 8 人安排一个任务：作为一位售后维修服务经理，应通过什么样的措施来保障售后维修业务的高效运转？请大家检索资料，开展企业调研，并进行实践。

5.1　汽车维修服务管理信息收集

5.1.1　汽车维修服务的法律法规

我国对汽车维修的法律法规目前主要有《家用汽车产品修理、更换、退货责任规定》和《中华人民共和国消费者权益保护法》。

《家用汽车产品修理、更换、退货责任规定》（图 5-1）于 2012 年 12 月 29 日由国家质量监督检验检疫总局发布，2013 年 10 月 1 日起施行。该规定分总则、生产者义务、销售者义务、修理者义务、三包责任、三包责任免除、争议的处理、罚则、附则九章四十八条。

图 5-1　《家用汽车产品修理、更换、退货责任规定》

《家用汽车产品修理、更换、退货责任规定》第十七条指出 "家用汽车产品包修期限不低于 3 年或者行驶里程 60000km，以先到者为准"。第十八条指出 "在家用汽车产品包修期内，家用汽车产品出现产品质量问题，消费者凭三包凭证由修理者免费修理（包括工时费和材料费）"。第十三条指出 "修理者应当建立并执行修理记录存档制度。书面修理记录应当一式两份，一份存档，一份提供给消费者。修理记录内容应当包括送修时间、行驶里程、送修问题、检查结果、修理项目、更换的零部件名称和编号、材料费、工时和工时费、拖运费、提供备用车的信息或者交通费用补偿金额、交车时间、修理者和消费者签名或盖章等。修理记录应当便于消费者查阅或复制"。第十五条指出 "用于家用汽车产品修理的零部件应当是生产者提供或者认可的合格零部件，并且其质量不低于家用汽车产品生产装配线上的产品"。

《中华人民共和国消费者权益保护法》第 2 次修正版（图 5-2）于 2013 年 10 月 25 日公布，自 2014 年 3 月 15 日起施行。该法规分总则、消费者的权利、经营者的义务、国家对消费者合法权益的保护、消费者组织、争议的解决、法律责任、附则八章六十三条。

图 5-2　《中华人民共和国消费者权益保护法》

《中华人民共和国消费者权益保护法》第七条指出 "消费者有权要求经营者提供的商品和服务，符合保障人身、财产安全的要求"。第八条指出 "消费者享有知悉其购买、使用的商品或者接受的服务的真实情况的权利"。第二十四条指出 "经营者提供的商品或者服务不符合质量要求的，消费者可以依照国家规定、当事人约定退货，或者要求经营者履行更换、修理等义务。没有国家规定和当事人约定的，消费者可以自收到商

品之日起七日内退货"。第四十九条指出"经营者提供商品或者服务，造成消费者或者其他受害人人身伤害的，应当赔偿医疗费、护理费、交通费等为治疗和康复支出的合理费用，以及因误工减少的收入。造成残疾的，还应当赔偿残疾生活辅助具费和残疾赔偿金。造成死亡的，还应当赔偿丧葬费和死亡赔偿金"。

5.1.2 汽车维修服务的组织管理

1. 汽车维修的组织架构

汽车维修的组织架构见任务1的图1-28。

2. 汽车维修的岗位职责

汽车维修的岗位职责见任务1中的相关内容。

3. 汽车维修高效团队的建设

（1）高效团队 高效团队（The High Performance Team）是指发展目标清晰、完成任务前后对比效果显著增加，工作效率相对于一般团队更高，团队成员在有效的领导下相互信任、沟通良好、积极协同工作的团队。而涣散的团队则目标模糊、人心不齐、相互内耗、效率低下，无法取得良好的经营效益。

（2）高效团队的基本要素 高效团队的基本要素如下：

1）共同的目标。团队有共同的目标，任务分解到个人。

2）共同的方法。采用共同的工作规程，有条不紊地开展工作。

3）相互的责任。成员各自承担相应责任，为共同目标努力。

4）互补的技能。人尽其才，发挥每个成员的特长，做到"1+1>2"。

5）全员参与管理。激发员工的主人翁精神，人人为企业的发展献言献策。

（3）高效团队的打造方法 高效团队的打造方法如下：

1）设立具有挑战性的团队目标。设立有挑战性、通过努力可以实现的长期、中期及短期目标，任务分解到人，激励整个团队通过闯关不断实现短期、中期目标，最终实现长期目标。每达成一个目标后，及时采用物质及荣誉激励是关键。

2）打造协同作战的组织架构。组织架构必须职责分明，相互间便于沟通，互相支持，协同作战。

3）让每一位成员的才能与岗位要求相匹配。成员的才能胜任岗位要求，高效完成工作，从而激发成员的成就感，让成员心情愉悦，更加充满激情参与到工作中。

4）正确的绩效评价。主要有以下三个作用：

① 确认成员的才能是否与岗位要求相匹配，使成员的岗位、报酬及培训安排更具科学性。

② 让成员的每次进步得到及时激励，激发他们的工作热情。

③ 帮助成员寻找自身弱点及原因，帮助其提升能力。

5）激发团队成员的自豪感。每位成员内心里都希望自己身处光荣的团队中，通过劳动竞赛、技能竞赛等方法评选优秀团队，激发团队成员为团队奉献的精神，有助于高效团队的打造。

（4）团队领导的素质 高效团队的打造离不开优秀管理者来掌舵，一个优秀的管理者必须具备以下素质：

1）思想素质。要有强烈的责任心、敬业精神和良好的工作作风、尊重科学，知人善用。

2）知识素质。要有企业经营管理知识、组织行为学知识、专业基础知识、经济学知识和法律知识。

3）能力素质。能力素质包括决策能力和组织执行能力。

4）身体和心理素质。要身体健壮，意志坚强，应变自如，临危不乱。

（5）员工满意度　员工满意度概述如下：

1）员工满意的重要性。员工满意可以有效地提高其对公司的忠诚度，提高责任感，提高质量及效率，做好服务，将满意传递给客户，提高客户的满意度。

2）员工满意度分析。根据马斯洛需求层次理论，人的需求可分为生理需求、安全需要、社交需求、尊重需求和自我实现需求五个层次（图 5-3）。

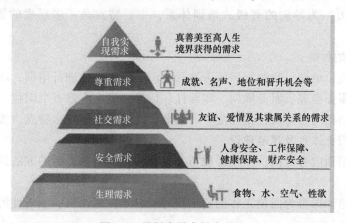

图 5-3　马斯洛需求层次理论

3）提高员工满意度的方法。鉴于人需求的五个层次，提高员工满意度需从以下几点出发：

① 薪酬待遇。与员工职位、能力匹配的，不低于本地汽车维修行业水平的薪酬待遇。

② 工作环境。为员工提供安全、人性化的工作环境。例如，场地、设施定期安全维护，定期进行安全培训，为员工提供休息室等。

③ 沟通交流。注重与员工沟通交流，赢取员工信任，让员工感受到被需求、被尊重，从而激发员工的积极性。

④ 人员激励。激励员工，通过对员工工作成绩进行恰当的评价，让员工觉得自己的工作有价值，由被动的"要我干"转变为"我要干"。

⑤ 个人发展。建立完善的培训、考核体系，让员工有公平的培训、晋升机会。

4. 汽车维修人员的定期培训

（1）员工培训的目的　当前是汽车新技术及服务营销知识日新月异的年代，持续的岗位培训是特约售后服务站得以持续发展的重要保证。

（2）培训的种类　特约售后服务站主要的培训种类有站内自主培训和品牌厂家培训。

1）站内自主培训：

① 站内自主培训的种类：

入职培训：获得岗位工作的流程、方法及技巧的培训。

提升培训：通过店内讲师开展培训，使团队成员的岗位知识更广更深，获得管理技能，为晋升奠定知识基础，属于职业生涯终生培训。

② 培训形式。特约售后服务站的培训注重实战技能。培训形式为理论和实践一体化教学，主要通过大量的练习实现学以致用。

③ 考核形式。考核能检验培训效果，查漏补缺并激发团队成员的学习热情。考核形式一般分为笔试和实操两种。

笔试：考核理论知识，以及规程、维修方法、参数等。

实操：考核实战技能。对维修工可通过设置故障来考核仪器的使用、故障的排除技能；对服务顾问可通过情景扮演来考核服务流程、礼仪和专业素养等。

2）厂家培训。为提升渠道内特约售后服务站的服务及盈利能力，各主流品牌厂家建立了以"岗位胜任力"为导向的晋级式培训体系，主要特点是：多层次的晋级式培训体系、多元的培训方式。

① 厂家培训的种类：

开业前关键岗位培训。特约售后服务站开业前对关键岗位进行培训，确保基本服务体系及能力。一般有服务经理、服务顾问、零部件、保修和机电维修五个岗位。

初级培训。培训内容为岗位工作流程、规范，品牌车型的技术特点、规范保养、工具的正确使用。侧重服务体系及规范建设。

中级培训。培训内容为岗位工作的技巧、管理知识、维修诊断的方法及技巧。侧重提升服务质量及效率。

高级培训。培训内容为岗位工作的营销技巧，以及管理知识、系统性的故障排查。侧重提升营销能力。

专项培训。培训内容为新车型服务及技术培训、服务活动培训及专项营销培训等。

② 培训形式。目前各厂家基本上建立了多元的培训形式，充分发挥各种培训形式的优势，提高培训质量、效率，降低培训成本。主要培训形式有：

集中培训。集中培训属于传统的培训形式，将一定数量的学员召集在一起开展培训。一般用于中、高级培训，参训成本高，培训覆盖慢。

在线培训。在线培训是目前迅速发展的创新形式，通过网络培训平台开展远程培训。一般用于初级培训在线自学，中、高级培训的预培训。培训可迅速覆盖全国，参训费用低。

视频培训。通过将知识、技能制作成视频课件，并通过网络培训平台对特约售后服务站发布，站内学员在线自学。培训覆盖快，生动直观，效果好，参训成本低。

驻站辅导。通过到特约售后服务站开展驻站培训，根据站内弱项开展差异化培训。注重进行技能实战化，效果好，但厂家培训成本高、培训覆盖慢。

交流会。通过将区域内各特约售后服务站相同岗位的人员召集在一起开展交流会，总结经验。针对区域内共性问题开展差异化培训，效果好，成本高。

③ 考核形式。考核形式一般有在线网络理论考试、集中理论考试、集中实操考试三种。

5. 汽车维修人员的绩效考核与激励机制

（1）绩效考核　绩效考核概述如下：

① 绩效考核的目的及作用。引导团队方向一致，实现公司整体目标；员工工作业绩评

价，为员工工资待遇及晋升提供依据。

② 绩效考核指标。特约售后服务站可根据运营策略设置考核指标，考核结果与收入挂钩，参考如下：入厂台次（入厂维修、保养的台次）；单车产值（单车平均消费金额）；维修销售额（工时、零件费等）；精品销售额；续保率（保险车辆的续保比例）。

服务顾问的绩效可通过接车台次、产值、精品及用品、客户投诉扣减等方面进行考核（见表 5-1）。

表 5-1　服务顾问的绩效考核

人员信息			薪酬组成						客户投诉扣减	工资合计
序号	职位	姓名	基本工资	台次提成	产值提成	销售额	精品、用品提成			
1	服务顾问									
2	服务顾问									
3	服务顾问									

维修工考核可通过维修台次、工时产值、返修或投诉台次等方面进行考核（见表 5-2）。

表 5-2　维修工的绩效考核

人员信息			薪酬组成				工资合计
班组	职位	姓名	基本工资	维修台次	工时提成	返修扣减	
一组	组长						
	组员 1						
	组员 2						
二组	组长						
	组员 1						
	组员 2						

（2）激励机制　好的激励机制可以激发员工的工作积极性，提高其工作效率。激励机制包括物质激励和精神激励。

1）物质激励：

① 工资：工资水平直接反映员工的当前工作绩效。

② 福利：含五险一金、法定节假日及带薪年假、慰问金、生活补贴等。

③ 一次性奖励：对员工在某一项目或某一段时间的贡献进行奖励。

④ 长期激励：体现员工的长期价值，如员工持股、配车、配房等。

2）精神激励：

① 荣誉激励：对员工取得的贡献或突出事迹进行表彰。

② 感情激励：接地气，常与员工交流沟通，关心员工的工作与生活，为员工规划职业生涯。

③ 参与激励：让员工参与售后服务管理，激发员工献计献策。

④ 教育激励：为员工提供教育、培训机会。

（3）酬金管理　科学合理的酬金管理可以极大地提高员工的工作效率，让员工对企业

保持高忠诚度，为企业创造更大效益。其管理的基本原则为多劳多得，根据为公司产生的效益分配。

1）管理人员计酬方式。为激发管理人员的责任心，一般采用固定月（年）薪加绩效奖金的方式。

① 固定月（年）薪：保底薪酬。

② 利润绩效奖：设置阶梯状目标，根据达成实绩发放奖金。

③ 商务政策奖：达成厂家商务政策可获得。

④ CSI 奖：即客户满意度，达成厂家设置目标后可获得。

2）维修工人计酬方式。为提高维修工人的工作激情及效率，一般采用：

① 固定工资：在建店或新建店产值过低时适用。

② 按工时计酬：班组工时收入×提成比例。

③ 按产值计酬：班组产值×提成比例，适用于喷漆工，如用于机修工容易导致过度维修，导致客户不满及客户流失。

④ 保底工资加提成计酬：保底工资加提成，其中提成可按工时和产值设置提成。此方式对员工有最低保障，是目前应用较多的方式。

6. 技术工人技术等级的确定与晋级制度

（1）晋级的基本条件　技术工人晋级的基本条件如下：

1）已结束试用期，转为正式员工的技术人员。

2）没有严重的违规违纪问题，一般问题经处理超过 1 个月以上未再次违规违纪者。

3）保证施工质量，在考评期内发生返工、返修等质量问题不超过两次者。

4）积极参加技术培训，出勤率达到 90% 以上者。

5）持有相应技术等级证书者优先，并给予加分。

6）有下列情况之一者将被取消晋级评定资格：

① 被公司多次处罚仍无悔改的员工。

② 半年内被公司处罚两次以上的。

③ 泄露公司任何不予公开的秘密，给公司造成不良影响的。

（2）技术等级划分　技术等级分为高级技师、技师、A 级技工、B 级技工、A 级徒工、B 级徒工。技术等级与工资级别挂钩。

（3）考评及晋级办法　考评采用理论与实际操作相结合，与平时相结合的办法，以百分制进行。理论考试占 40%，实际操作考核占 30%，平时表现占 30%。

理论考试初试超过 70 分者可参加复试，复试成绩按每 10 分算 2 分，两者相加为理论考试总分。

理论与实际操作考核成绩分为三个等级，即不及格、及格、优秀。及格者可申请上一等级的评定，优秀者可越级申请等级评定。

发生返工、返修等质量问题，每发生一次扣 5 分。

持有相应技术等级证书者给予加分，其中持有高级证书者加 2 分，中级证书及企业初级结业证者加 1 分。解决实际问题的能力分四个等级，满分为 20 分，依次递减，每级减 2 分。平时综合表现满分为 10 分，依次递减。

按照车间综合考评管理板考核，考评期内每月均满分者得 10 分，其中有一个月不及格者得 8 分，有两个月不及格者得 6 分，有三个月以上不及格者或连续两个月不及格者为 0 分。

因违反公司制度受到处罚的视具体情况依照公司的有关制度确定扣分。

按照公司考勤制度考核，有迟到、早退、缺勤等问题者，视次数多少适当扣分。

5.1.3 维修车间管理

1. 工具、设备、车辆管理制度

（1）工具管理制度　工具管理制度概述如下：

1）工具入库：

① 到货的工具，库管员必须与采购员当面进行清点，确认无误后填写入库单，双方签字确认。

② 一式五联的入库单，库管员留存存根联，财务联交予财务部进行相关账务处理，其余的转交采购员。

③ 入库工具应存放于工具室的相应位置。

2）工具出库：

① 新员工在领用专用工具时，应做详细记录。

② 发放到各班组的专用工具（主要指钣金和检测仪器），由各班组负责人负责保管，如有不正常损坏或丢失，由保管人及班组负责人共同赔偿。

③ 库房工具一律凭卡借用，每次只借用一种或一套，如有丢失或损坏由借用者负责赔偿。

④ 车间一次性领用工具，必须填写出库单，双方签字确认并有车间主管签字后，一次性领用出库，同时登账。维修工平时经常领用的工具，在工具领用流水账上签字确认即可领用，返还时注明返还时间并签字。

3）工具的使用：

① 严禁违章使用专用工具（如扭力扳手严禁用于卸螺钉，棘轮扳手严禁用于加力螺钉等）。

② 未经他人同意，不许乱用他人工具。

③ 发放到个人手上的工具及工具车由个人负责保管，正常损坏，以旧换新；如有丢失，由保管者负责赔偿。

4）工具归还：

① 工具使用完毕，必须清点整齐，清洁干净地归还库房。规定工具归还时间不得超过下班时间，如有特殊情况需向保管人员说明。

② 离职的员工应于离职前一周上交所有领用的工具及设备，库管员进行检查，签字认可方为生效。

5）工具的保养及报损：

① 对需要进行定期保养的专用工具应由专人按说明书规定内容进行定期保养，对需要定期检测的量具应按规定时间送交检测部门进行检测、调校。

② 每月对专用工具盘点一次，对损坏的工具应及时修复或及时报损并补偿。

（2）设备管理制度　建立完善的设备档案、车间设备管理账单，制订设备的添置、年度检修和保养计划，督促检查各基层的执行情况，单台购置价值在万元以上的生产设备要划入公司重点设备管理。

1）设备档案资料包括：

① 制造厂的出厂检验单、使用说明书及有关资料。

② 设备附件及工具清单。

③ 设备大修二级保养验收单及与设备有关的检修记录。

2）设备的使用、维护注意事项：

① 主要生产设备要实行专人专岗操作，做到专人使用与保管。重要的设备与精密仪器要由专职技术人员负责，要严格遵守操作规程。

② 新员工在使用设备前应熟练掌握设备的结构、性能、维修、维护技术，经严格考核后才能独立操作，新员工违反操作规程时师傅有权制止其工作，造成的事故者由其师傅承担责任。

③ 部门经理应明确设备使用班组或指定专人保管、维护，遵守交接制度，发现故障与隐患应立即向部门领导汇报，及时检修。

3）设备的保养与修理注意事项：

① 根据设备使用说明规定及设备实际运行状况制订设备修理计划，定期进行检修，保证设备的正常运行。

② 使用部门、设备管理员、主修单位需对设备修理情况、修理质量进行检验，签字确认后存档。

③ 设备的保养由专人负责实施，设备管理人员根据设备的保养周期制作保养提示牌，提示次日需保养的设备。

（3）车辆管理制度　车辆管理制度概述如下：

1）车辆停放制度：

① 车间内一切车辆的摆放、移车、试车由公司指定人员负责。

② 非指定人员未经公司领导许可，严禁移动车辆。

③ 待修车辆在车间没有相应工位时，白天应停放在车间外的待修车位。

④ 准备修理的车辆，根据维修内容，停放在相应车位。

⑤ 修理完工的车辆在车间没有相应工位时应停放在车间外的完工车位。

⑥ 公司内部车辆应在8：30前将车驶离车间，17：30后驶进车间，以免影响正常的维修工作。冬季经车间同意后在不影响车间正常生产的情况下可停放在车间内。

⑦ 公司内部车辆，晚上应统一停在钣金、喷漆区域一侧，不得随意停放在车间过道两侧。

⑧ 对违反以上制度者，由车间提出申请，部门经理批准后报行政部按有关规定处理。

2）试车制度：

① 试车前应请示车间主管，经批准后方可试车。

② 试车时，需领取试车证，门卫见试车证、试车员证后方可放行。

③ 试车路线、时间必须预先通知车间主管。

④ 试车时应严格遵守试车路线和试车时间。

⑤ 试车员不遵守试车路线或不遵守试车时间，发生交通事故所造成的经济损失全部由责任者承担。

⑥ 未经批准不得试车。

⑦ 在试车过程中试车员发生交通事故，按交通管理部门的裁定承担责任，所造成的经济损失按交通管理部门的规定做相应赔偿处理。

3）移车制度：

① 车间内应由指定的人员移车，其他人严禁移车。

② 在车间内移车时，时速不得超过 5km/h。

③ 移车员移车时发生事故的，经济损失视事故的情节由移车人员承担 10%～100%。

2．5S 管理制度

5S 管理是日本和欧美国家现场管理的管理模式，因其单词全部以 S 开头，故称 5S 管理，其内容包括整理、整顿、清扫、清洁、素养。

（1）整理　找出要整理的对象，选择要运用的工具，决定组织中成员的角色。

1）选定主题，决定需改善的事项。

2）作业现场，如零部件仓库、维修车间等。

3）办公区域，如办公室、前台、会议场所和会客室等。

4）执行，并进行效果确认。

（2）整顿　把需要的东西都井然有序地放好，使任何人都很容易找到、识别、运用，并且用完后把它们放回原处。整顿工作做好了可以消除浪费、无效搜索，防止精力浪费、过度储存浪费，消减安全隐患。

1）腾出空间，规划放置场所及位置。

2）规划放置方法和放置的标示。

3）摆放整齐、明确。

（3）清扫　清扫要点如下：

1）清扫地面、墙板、顶棚等所有地方，机器工具应彻底清扫。

2）及时发现脏污问题，杜绝污染源。

（4）清洁　清洁要点如下：

1）把不需要和报废的东西做好红色标签。

2）目视管理：把日常工作的情况在看板上和管理牌上表现，让员工们一目了然，也为客户提供极其方便的目视系统。此方法对提高工作效率、保证安全、提高客户满意度非常有用。例如，车辆维修进度看板，以及修理店内的指示牌、工具板和安全指示牌等。

3）检查表：哪些地方的清洁多久做一次及是谁在负责等信息，可通过清洁度检查表、安全性检查表（地上有无油污等）反映出来。

（5）素养　素养的要点如下：

1）5S 管理必须循序渐进，强调全员参与。

2）培养员工的 5S 意识。

3）养成规范化、标准化和习惯化。

3．维修质量控制

1）返修车处理记录表由车间主管存档，内容包括：车辆信息、故障现象和原因、返修原因、改进措施等。车间主管应定期（每周 1 次）与技术主管、质检员共同分析原因及对策，报总经理核准，报客户服务科检查。

2）车间主管和服务经理共同召集相关人员对未能一次修复的案例，每周组织一次专项技术交流，避免类似故障重复发生。

3）总经理每月应召集所有服务体系员工开会，讨论一次修复与准时完工的绩效、管理、技术通报、返修及改善措施。

4）技术主管应收集返工/返修案例，作为维修技工内训教材，逐步提高技工的维修技

术和工作责任心。

5) 车间主管每月填写返修月统计表。

6) 车辆的一次修复率必须在95%以上，并不断提高。

7) 车间主管应制作一次修复率的月份趋势曲线图表，公告一次修复率及跨日完工绩效的结果。

8) 车辆一次修复率应作为工作人员考核的重要依据，奖励维修质量优良的维修技工及服务质量优良的服务顾问。

5.1.4 汽车维修零部件管理

1. 零部件管理的意义

1) 零部件质量的好坏影响维修/保养的质量。4S店必须向客户提供纯正的零部件，向客户提供质量保证。

2) 零部件价格水平影响汽车维修保养的费用。4S店必须严格执行零部件的价格政策，保证客户享受合理的零部件价格。

3) 零部件供应的满足率影响维修保养的速度。4S店必须按照零部件供应体系开展业务，提高零部件供应的满足率。

4) 零部件销售收益是售后服务产值的重要组成部分。4S店必须推行合理的营销政策，提高售后服务收益。

2. 零部件管理的目标

1) 保证在客户发生维修/保养需要时，将零部件以合理的价格、可靠的质量提供给客户。

2) 在保证零部件及时满足客户维修保养需求的前提下，将零部件库存控制在合理的水平，以获得最大的经营利润。

3) 通过合理的零部件营销措施，提高4S店零部件的销售量，以提高售后服务的收益。

3. 零部件管理的内容

零部件管理主要围绕进—销—存进行（图5-4）。

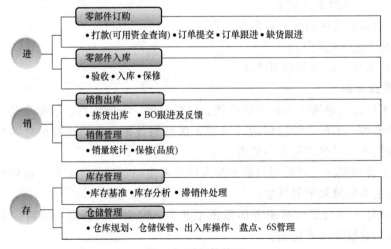

图5-4 零部件管理

4. 零部件部门岗位设置

零部件部门按照工作职责及工作范围，可分为以下三个基本岗位：零部件主管、计划员和仓管员。各岗位的人员配备数量根据4S店的性质及业务量确定，人员基本配置见表5-3。

表5-3 零部件部门人员配置

岗位	4S店	过渡店
主管	1名	1名
计划员	1名(可兼职)	1名(可兼职)
仓管员	1名	1名(可兼职)

5. 零部件部门各岗位的工作内容

（1）零部件主管　零部件主管的工作内容如下：

1）全面负责零部件工作，根据公司经营目标，制订并完成零部件工作计划。

2）负责执行公司各类零部件管理标准、规范、政策，确保零部件工作的开展准确、快捷、及时。

3）负责审批零部件订货计划，签发各类零部件相关工作文件。

4）负责零部件库存成本的控制，保证零部件库存符合公司目标。

5）负责监督和实施仓储管理流程，确保账、卡、物一致，定期向财务部报送零部件出、入库及库存报表。

6）按照6S原则开展现场管理，保持良好的仓库工作环境。

7）负责协调零部件部门与其他部门的工作沟通，保证零部件相关工作对其他部门工作的支持与配合。

8）负责对本部门员工进行培训，提高人员的工作效率，营造团结向上的工作氛围。

9）发展、选择和处理当地供应商的关系，如价格谈判、质量保证等，积极抵制假冒产品，打击商标侵权行为。

10）按时向零部件科提交零部件月报表，积极达成KPI考核目标。

（2）计划员　计划员的工作内容如下：

1）负责制订零部件采购计划，根据维修需求提交零部件采购订单，并对零部件需求进行预测。

2）负责采购订单的跟踪，负责向零部件科反馈零件紧急需求，及时把握零部件的到货计划。

3）制订零部件库存基准，确保库存水平达到公司库存目标。

4）定期分析零部件库存结构，对库存变化进行跟踪，确保零部件库存结构处于合理状态。

5）记录零部件的缺货信息，对缺货零部件进行跟踪、分析，并及时与前台、车间进行沟通，制定解决对策。

6）负责零部件有关文件的归档整理。

7）负责零部件业务看板的管理及信息更新。

8）完成零部件业务报表，对零部件市场信息进行跟踪分析，并反馈有关信息。

9）负责零部件保修管理，负责向零部件科提交零部件保修申请，并对保修结果进行跟踪。

10）积极配合仓管员完成零部件出入库等日常管理工作，达成KPI考核目标。

（3）仓管员　仓管员的工作内容如下：

1）负责零部件出入库管理及仓储管理，严格执行仓储规章制度，做到收有据、发有凭。

2）及时在DMS中记账、销账，把好收、管、发三关，保证零部件仓储运作快速、准确、高效。

3）负责对到货零部件进行验收交接，确保入库零部件质量合格、数量准确。对入库原始凭证进行归档整理，及时向零部件科反馈到货异常情况。

4）负责零部件库位管理，根据"八步骤八原则"合理安排库位，并根据需求及时调整库位，保证零部件库位合理、准确。

5）负责保证零部件的存放品质，对有存放期限及存放位置有特殊要求的零部件，按要求进行存放。

6）负责对出库零部件进行数量及质量检查，确保出库零部件符合维修需求，如有异常，及时反馈并解决。

7）定期盘点，并对盘点结果进行分析，做到账、卡、物一致。

8）做好仓库的6S管理，确保安全符合消防要求。

9）积极配合计划员做好零部件库存管理，根据零部件库存变化，及时向计划员提出订货需求。

10）积极达成KPI考核指标。

6. 零部件主要业务流程

（1）主要业务　零部件业务是售后业务的重要组成部分，其日常业务主要是通过合理的作业流程，对零部件的订购、销售、仓储进行高效的管理，保证零部件能以合格的品质及时满足维修需求；同时保证在库零部件处于合理的库存水平，以达到零部件销售利润的最大化。

零部件日常业务围绕"进—销—存"三个方面进行。

（2）主要业务流程　零部件主要业务流程如图5-5所示。

7. 零部件的规格运用

（1）零部件的分类　售后零部件主要分为两类。

1）一般维修零部件，如机油滤清器、保险杠和前照灯等。

2）油品及车用化学品，如机油、变速器油和冷媒等。

（2）车架号的构成　车架号是区分车辆的重要标识，是车辆的身份证，也体现车辆各方面的属性，应按照国家、行业及企业相关标准要求标注。

（3）车型代码构成　按照国家、行业及企业相关标准要求标注车型代码。

（4）零部件号码的构成　零部件号码的构成如下：

1）一般零部件编号结构，由14位组成（图5-6）。

2）内饰/外饰零部件编号　比一般零部件编号增加3位颜色代码；钣金件通常后加A00表示，表示为17位（图5-7）。

前台
车间
仓库
零部件供应商
维修工单
①零部件号查询
订购资金充足
检查有无库存?
无
有
②零部件订购
缺货记录
订单处理
⑥零部件出库(出库流程)
③订单跟进
发运
④运单查询
联系客户
维修领料
⑥零部件入库
投诉处理
投诉处理
⑦仓储管理
定期结算(发票)
结算核对

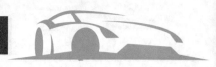

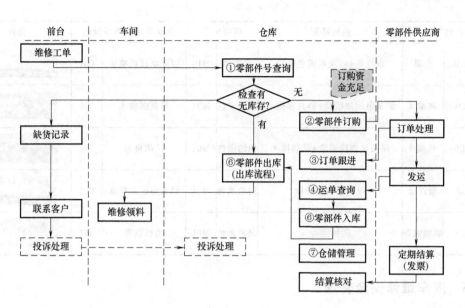

图 5-5　零部件主要业务流程

零部件基本代号
零部件分组号
零部件顺序号
种类代码
设计追号
大改标志
说 明 顺 序：1 2 3 4　5 6 7　8 9 10　11　12　13　14
零件基本号码：□□□□　□ □ □　○○○　□　○　□　□
组号
□—只能使用阿拉伯数字 0~9；○—可用阿拉伯数字及英文字母（I、O 除外）

图 5-6　一般零部件编号结构

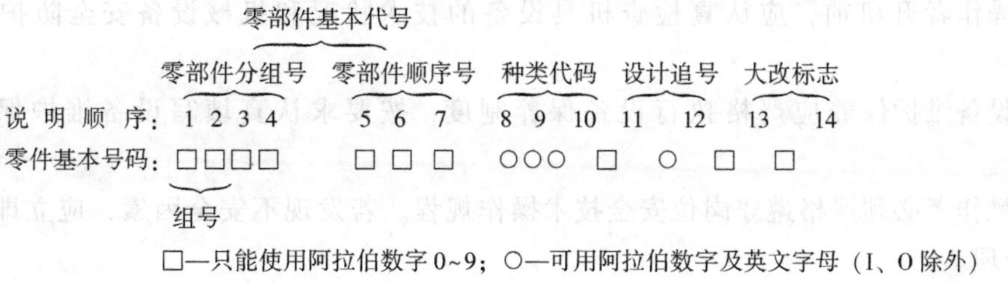

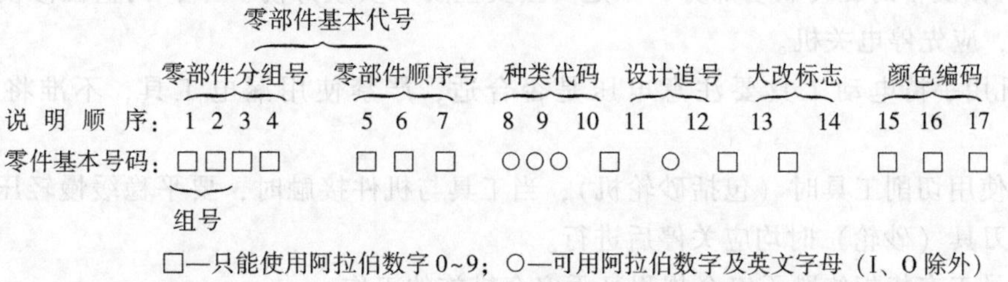

零部件基本代号
零部件分组号
零部件顺序号
种类代码
设计追号
大改标志
颜色编码
说 明 顺 序：1 2 3 4　5 6 7　8 9 10　11　12　13　14　15 16 17
零件基本号码：□□□□　□ □ □　○○○　□　○　□　□　□ □ □
组号
□—只能使用阿拉伯数字 0~9；○—可用阿拉伯数字及英文字母（I、O 除外）

图 5-7　内饰/外饰零部件编号结构

（5）零部件颜色码查询　查询某零部件颜色码，先查询其所属颜色方案。颜色方案由一系列不同零部件颜色码构成。不同内饰主题所对应的零部件颜色代码不同。

只有精确查询到该零部件的颜色码，才能准确领用到正确颜色的内饰/外饰零部件。

表 5-4 序号 1 中，UUU 为颜色方案，M10 为座椅颜色码，C01 为副驾驶侧装饰条颜色码。

表 5-4　零部件颜色码 AC2 颜色查询表

序号	内饰主题		内饰特征	座椅颜色		副驾驶侧装饰条颜色		图片
1	UUU	全黑	素雅黑+银灰电镀色喷涂	素雅黑	M10	银灰电镀色喷涂	C01	
2	VD4	典藏 4	深灰色细沙喷涂+科莫多榆木	奶油米色	M01	科莫多榆木	J04	
3	VD9	典藏 9	深灰色细沙喷涂+元胡桃木	奶油米色	M01	元胡桃木	J99	
4	VJP	精锐派	银灰电镀色喷涂	奶油米色	M01	银灰电镀色喷涂	C01	
5	YUT	胡桃幽香	胡桃幽香	奶油米色	M01	胡桃幽香	J03	

5.1.5　汽车维修安全管理

1. 安全生产总则

1）售后服务部员工，除应遵守本岗位设备操作规程、细则外，均应严格遵守本规章。

2）操作者必须熟知所使用机械设备的构造、性能及一般保养知识和技能。

3）操作者开机前，应认真检查机具设备的技术状况和机械设备安全防护装置是否有效。

4）设备维护保养应严格执行设备保养制度，按要求认真填写设备维护保养卡，并存档。

5）操作者必须严格遵守岗位安全技术操作规程。若发现不安全因素，应立即停机并报告领导处理。

6）操作机械设备时，要精力集中，严禁打闹或擅离岗位。

7）一切带电设备必须接地，导线绝缘一定符合技术要求，要随时注意电器设备的温度。

8）机械设备的旋转联动部分，一定要按安全要求安装好防护罩，调整检修设备需拆卸防护罩时，应先停电关机。

9）凡用手持电动工具要注意电压是否合适，严禁使用漏电工具，不准将电线缠在身上。

10）使用切削工具时（包括砂轮机），当工具与机件接触时，要平稳缓慢轻压，用力均匀。调换刀具（砂轮）时均应关停后进行。

11）员工有权拒绝既无安全规程又无安全措施的工作。

12）设备仪器应定人操作及维护保养。

13）机械设备在运转过程中，操作者不得离岗，如确需离岗应先停机。

14）工作完毕后，必须保养设备和清扫现场，做好日常保养工作。

2. 维修车间安全生产守则

1）车间内应有足够的照明装置，工作点必须使用低压照明灯（36V）。

2）发动车辆前要做好检查，在确保没有问题的情况下方可发动车辆。

3）未经公司批准，严禁私自移车，一经发现，将按规定给予处罚，私自移车造成的损失由肇事者自负。

4）在操作设备和使用仪器工具时，应严格按照设备操作和使用要求，不得不懂装懂，并对设备仪器按期保养维护。

5）电气设备的维修均由专业电工负责管理，其他人员未经许可不得擅自拆卸。

6）升车前，应认真检查支撑托架的位置是否正确。车辆升起后，发动机部分不准有人作业。

7）禁止以千斤顶代替安全支架，不准在无轮胎及无安全支架的车下工作。

8）车辆发动前，应将工具及其他物品移开。如果风扇不转，严禁用手拨动，同时应检查变速杆是否在空档位置。

9）厂区内严禁吸烟，并保证车间内有良好的通风设备。

3. 喷漆车间安全生产守则

1）车间内应保持通风良好，严禁烟火，并放置规定数量的消防器材。

2）喷漆工喷漆时，必须佩戴防毒口罩。

3）车辆进出烤漆房前，应检查制动系统是否正常，避免无制动，造成伤人或撞坏设备事故。

4）使用手用电动工具前，应认真检查线路、接头等有无破损，如有问题应修复后使用。

5）抛光时，严禁将电线缠在身上。

6）调色机应接驳有地线的电源，操作前应确定电压。

4. 钣金车间安全生产守则

1）车辆分放要留有足够的通道，工具、零部件、损坏件要按规定的地点放置，摆放整齐，禁止乱堆乱放，以免影响疏散通道。

2）工作时，必须按规定着装，电焊、气焊戴好劳保用品，车间内严禁吸烟。

3）使用校正台拉拽时，人员要站在安全地带，以免脱落伤人。

4）严禁在存放易燃、易爆物品附近焊接作业，更不准在带有压力的容器上焊接。

5）严禁违反规定使用工具，锤子等工具在使用前，应检查手柄的牢固情况，使用手用电动工具时应遵守有关安全操作规程。

6）在车下工作应将车辆支稳架牢，严禁在千斤顶顶起车辆后，特别是拆下车轮又没有支起马蹬的情况下工作。

7）点燃焊枪，如暂不用应熄火，严禁放下或做照明使用，更不准对人。

8）固定的电器设备应有良好的保护接地，并设专人负责管理。

9）使用砂轮时，人要站在侧面操作，严禁站在砂轮机的正面操作。

10）现场必须配备一定数量的消防器材，按照公司消防委员会的规定，定期做好防火安全检查。

5. 烤漆房安全生产守则

为了确保烤漆房的使用寿命及喷涂工作的正常运行，保证喷涂车辆出厂干净、无尘、无颗粒、漆面光滑、达到一次成品，使客户满意，应做到以下几点：

1）烤漆房必须定期内外清扫一次（每星期一次），并检查电机及设备油料状况和空气压缩机的油料情况。

2）进入烤漆房喷涂的车辆必须彻底从底盘到轮毂内、车身外表都冲洗擦拭干净。

3）烤漆房内不得有任何无关杂物，报纸、胶条等工作物品要清理干净才能进入烤漆房；车辆喷完后，要及时清理烤漆房内的杂物，以便下次使用。

4）不得在烤漆房内打磨砂纸，进入后只能喷涂，并且要一次作业完成，工作时不得随意开启烤漆房房门，无关人员不得入内。

5）喷涂前必须检查烤漆房、气泵的工作运转是否正常；检查排放气泵油水分离器中的杂物（油、水），烤漆房燃油在两个红灯亮的情况下，禁止使用，必须先加满油料。

6）主枪人必须熟练使用烤漆房，其他人员不能私自使用，以防损坏烤漆房。

7）车辆喷涂完毕后，对车辆进行升温烘烤，停止升温前必须先停火，之后 5～8min 关闭风机；在此过程中，主枪人不得擅自离开，必须等全部设备关闭后才能离开。

8）下班后必须切断烤漆房及其他漆工工位的所有电源。

6. 安全防火管理制度

1）所有员工必须提高警惕，严格遵守用火、用电规定。

2）每天上班前对所属工作范围进行检查。下班后切断电源，消除火险隐患。

3）保持火源与可燃物的安全距离，随时清除易燃废弃物。

4）掌握消防器材的正确使用方法，定期检查器材是否受损。

5）设置明显的禁火标志，厂区内严禁烟火。

6）油类的存放由专人负责、专人管理。

7）电器设备的拆装、维修要严格遵守安全操作规程。

8）对违反防火安全规定的行为，要坚决制止，并及时汇报，违反规定者，将按公司的有关规定严惩。

任务实施

5.2 汽车维修服务管理实训

1. 实训准备

（1）模拟汽车维修企业，在实训室设置维修车间、零部件仓库和各种安全设施。

（2）全班学生分为 3 组，分别作为维修车间管理团队、零部件仓库管理团队和安全管理团队，分别实施维修车间管理、零部件仓库管理和安全管理实训。

2. 实训实施

（1）维修车间管理实训　维修车间管理团队学生，分工合作，通过检索和调研，制定出人员、车辆、设备、工具、维修质量等管理规章制度。

（2）维修零部件管理实训　零部件仓库管理团队学生，分工合作，通过检索和调研，制定出零部件管理人员及其零部件管理等规章制度。

（3）安全管理实训　安全管理团队学生，分工合作，通过检索和调研，制定出维修车

间各岗位人员和各种设备的安全管理等规章制度。

任务总结

1. 汽车售后维修服务持续高效运转需要以下几个因子来保障：懂法依法，团队高效，技艺精湛，零件齐备，安全生产，环境保护。

2. 组建一个高绩效的团队首先需要一个合理的组织架构，其次是彼此需共同拥有一个明确的目标，管理者在给予成员权利的同时要将合理的规则、程序和限制同时交给员工。管理者要与成员进行充分沟通，引导团队成员调整心态和准确定位角色，把个人目标与工作目标结合起来，明确知道自己要做的事，以及清楚如何去做。其次要建立完善的人员培训体系，以及相应的奖惩机制与晋级制度。只有懂得不断充实自我的学习型团队，才能取得良好的经营效益。

3. 汽车维修车间管理必须设立维修工具、设备、人员、车辆、5S等管理制度，养成员工规范化、标准化、习惯化安全生产。必需制定严格的安全生产规章制度，减少和杜绝事故的发生，使财产免受损失，使人员不受伤害，从而实现最高效益。

作　业

完成"学习工作页"5.1~5.5各项作业。

参 考 文 献

[1] 国务院发展研究中心产业经济研究部，中国汽车工程学会，大众汽车集团（中国）. 中国汽车产业发展报告（2016）[M]. 北京：社会科学文献出版社，2016.

[2] 刘军. 汽车销售与售后服务全案 [M]. 北京：化学工业出版社，2016.

[3] 晋东海. 汽车维修企业管理实务（永续发展篇）[M]. 2版. 北京：机械工业出版社，2016.

[4] 靳斓. 新入职礼仪 [M]. 北京：中国经济出版社，2016.

[5] 许福有. 汽车维修企业经营与管理实战问答 [M]. 北京：机械工业出版社，2016.

[6] 姚美红，栾琪文，等. 汽车售后服务与管理 [M]. 2版. 北京：机械工业出版社，2015.

[7] 杨武雄. 构建维系体系——汽车4S店生存之道 [M]. 广州：广东人民出版社，2014.

[8] 安建伟，李彦军，等. 汽车4S店店长上岗速成 [M]. 北京：化学工业出版社，2015.

[9] 刘军. 汽车4S店管理体系与工作流程全案 [M]. 北京：化学工业出版社，2015.

[10] 贾逯钧，莫远. 如何做好汽车维修业务接待 [M]. 3版. 北京：机械工业出版社，2013.

[11] 赵计平，金明. 汽车售后服务企业经营与管理 [M]. 北京：机械工业出版社，2012.

[12] 王彦峰，杨柳青. 汽车维修服务接待 [M]. 北京：人民交通出版社，2012.

[13] 张岩松，唐召英. 现代交际礼仪实训教程 [M]. 北京：清华大学出版社，2011.

[14] 孟庆强. 礼仪常识全精通 [M]. 北京：中国纺织出版社，2011.

高职高专汽车三融合新型教材

汽车故障诊断与维修 学习领域1

汽车维修接待、沟通与管理

学习工作页

姓　名＿＿＿＿＿＿＿＿＿＿＿

专　业＿＿＿＿＿＿＿＿＿＿＿

班　级＿＿＿＿＿＿＿＿＿＿＿

任课教师＿＿＿＿＿＿＿＿＿＿

时间＿＿＿＿年＿＿月～＿＿年＿＿月

机械工业出版社
CHINA MACHINE PRESS

说　　明

1. "学习工作页" 配套相应主教材使用。

2. 教师根据教学进度，布置学习工作页中相应的任务，也可以变更补充。

3. "学习工作页" 由学生独立或集体完成。

4. 教师及时检查和批改学生完成 "学习工作页" 的情况，并给以评分。

5. 教师定期组织学生撰写海报，并进行交流。

6. "学习工作页" 题解参见丛书 "教学资源包"，老师可登录机械工业出版社教材服务网或来电索取。

目　　录

任务1 认识汽车售后服务

1.1 完成下列填空和名称解释。

（1）汽车 4S 店是集＿＿＿＿＿＿＿、＿＿＿＿＿＿＿＿＿、＿＿＿＿＿＿＿＿＿和＿＿＿＿＿＿＿＿＿四位一体的特约服务店。

（2）汽车快修店：＿＿＿＿＿＿＿＿＿＿＿＿＿＿＿＿＿＿＿＿＿＿＿＿＿＿＿。

（3）汽车维修个体户：＿＿＿＿＿＿＿＿＿＿＿＿＿＿＿＿＿＿＿＿＿＿＿＿＿。

（4）汽车服务站总体布局主要包括＿＿＿＿＿＿区、＿＿＿＿＿＿区、＿＿＿＿＿＿和＿＿＿＿＿＿4 个区域。

（5）维修接待区包括＿＿＿＿＿＿＿、＿＿＿＿＿＿＿＿＿和＿＿＿＿＿＿＿＿＿3 个区域。

（6）维修车间包括＿＿＿＿＿＿室、＿＿＿＿＿＿工位、＿＿＿＿＿＿工位、＿＿＿＿＿＿工位、＿＿＿＿＿＿工位、＿＿＿＿＿＿工位、＿＿＿＿＿＿室、＿＿＿＿＿＿工位、＿＿＿＿＿＿工位、＿＿＿＿＿＿工位、＿＿＿＿＿＿工位、＿＿＿＿＿＿室、＿＿＿＿＿＿、＿＿＿＿＿＿室、＿＿＿＿＿＿室和＿＿＿＿＿＿室等。

（7）附属设施包括＿＿＿＿＿＿、＿＿＿＿＿＿工位、＿＿＿＿＿＿、＿＿＿＿＿＿室、＿＿＿＿＿＿室、＿＿＿＿＿＿系统、＿＿＿＿＿＿和＿＿＿＿＿＿等。

1.2 收集相关资料，分析我国不同类型的汽车售后服务企业的特点，并填写在下表中。

特点	经营模式		
	汽车 4S 店	连锁快修店	汽车维修个体户
投资成本			
便捷程度			
维修质量			
服务内容			
服务质量			
收费标准			

1.3 回答下列关于美国汽车售后服务企业的主要经营模式和特点的问题。

（1）美国汽车售后服务的经营模式有两种，即＿＿＿＿＿＿和＿＿＿＿＿＿模式。

（2）特许经营模式是指特许人将自己所拥有的＿＿＿＿＿＿、商号、＿＿＿＿＿＿、＿＿＿＿＿＿和专有技术、＿＿＿＿＿＿等以特许经营合同的形式授予被特许人使用。被特许人按合同规定在特许人统一的＿＿＿＿＿＿模式下从事经营活动，并向特许人支付相应＿＿＿＿＿＿。例如，美国＿＿＿＿＿＿（NAPA）就是以特许连锁方式组建起来的美国最大的汽车维修美容连锁经营机构。

（3）直营连锁模式是指总公司直接经营的连锁店，即由总公司直接＿＿＿＿＿＿、

1

_____各个终端店的经营模式。这种模式是通过_____、_____或吞并、兼并等途径，拓宽经营渠道，发展壮大自身规模与实力的一种模式。美国汽车地带集团（AutoZone）是全美国仅次于 NAPA 的汽车维修连锁企业，它就是采用直营连锁的模式。

1.4　回答下列关于日本汽车售后服务企业的主要经营特点的问题。

日本汽车售后服务企业总体上呈现_____的特点，企业人员规模较小，通常要求员工具备多种能力，从接待_____乃至_____都有可能由一个人独立完成。

1.5　填写下表中各区域的功能和主要设备/设施。

区域名称		功能	主要设备/设施
维修接待区	维修接待前台		
	客户休息区		
维修车间	调度室		
	快修工位		
	机修工位		
	轮胎及四轮定位工位		
	完工和检测工位		

（续）

区域名称		功能	主要设备/设施
维修 车间	钣金工位		
	打磨工位		
	抛光工位		
	大梁校正工位		
	喷漆维修工位		
	调漆室		
	总成分解室		
	工具室		
	培训室		

（续）

区域名称	功能	主要设备/设施
附属设施	洗车工位	
	车间消防系统	

1.6 下面是汽车快修工位布置图，请将图中序号放置的物品填写在下表中。

序号	名称
1	
2	
3	
4	
5	
6	
7	

1.7 回答下列有关一般废物的问题。

（1）根据废物的性质，将废物分为一般_____废物、一般_____废物、危险可回收废物和危险不可回收废物，并分类存放。

（2）一般可回收废物主要是指废_____、废_____、废_____、废_____、废_____等，一般不可回收废物主要是指_____、_____、_____、_____、_____等。

（3）一般废物区建设基本要求是_____、_____、_____。各类废物的存放设施、收集设施应有明显的_____，车间的固体废物收集分为_____废物（危险废物）和_____废物（一般废物）两类进行收集。

1.8 回答下列废油存放的相关问题。

（1）废油存放分存放液体危险废物的_____室和存放固体、固液混合型危险废物的_____室两类。

（2）废油废液室主要存放物品有废_____油、废_____油、废_____油、废_____液、废_____液、废_____剂，危险废物室主要存放物品有废_____、废_____、废_____桶、废_____桶、废_____桶、_____罐。

（3）废_____液、废_____液应单独分桶存放，不能与其他油类、液体化学品混合存放。

（4）油存放设施基本要求是_____、_____、标明存放物性质的_____、地漆防渗，设置观察窗等。

1.9 下图是汽车维修污水处理系统图，请在图中空白方框处填写适当名称。

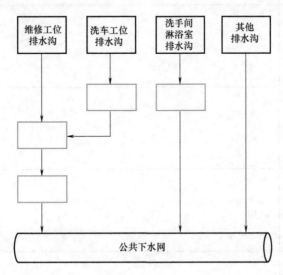

1.10 在下面售后服务站组织架构图中空白方框处填上适当名称。

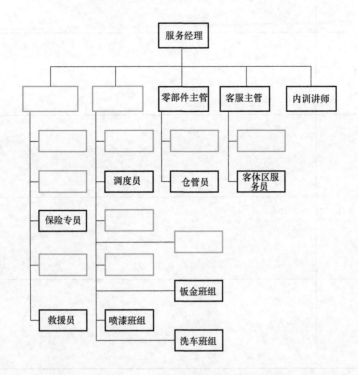

1.11　收集相关资料，分析售后服务站下列领域主管的工作职责，并填写在下表中。

岗位	岗位职责
前台主管	
车间主管	
客服主管	
服务顾问	
保修员	
大客户专员	
技术工程师	
质检员	
客服专员	

1.12 班级交流：每组推选 1 人，扮演内训讲师，向新入职员工介绍汽车售后服务站的区域布局（含设备/设施）及组织架构。之后进行评价打分，填写下面评分表。

序号	项目	分值	得分
1	维修接待区域布局与设备/设施	15	
2	维修车间布局与设备/设施	60	
3	附属设施布局与设备/设施	15	
4	组织架构	10	
合　计		100	

1.13 班级交流：以小组为单位，每人扮演 1 个角色，向新入职员工介绍汽车售后服务站各岗位的工作职责。之后根据介绍内容与水平进行评价打分，填写下面评分表。

序号	项目	分值	得分
1	岗位职责内容正确无误	40	
2	岗位职责内容剖析	30	
3	演讲技巧	15	
4	仪表仪容	15	
合　计		100	

任务 2　汽车维修接待服务流程

2.1　完成下列填空。

（1）贯穿服务流程的关键词是 ＿＿＿＿＿＿＿ 和 ＿＿＿＿＿＿＿ 。

（2）汽车维修接待服务一般流程是：＿＿＿＿＿＿＿ 、＿＿＿＿＿＿＿ 、
＿＿＿＿＿＿＿ 、＿＿＿＿＿＿＿ 、＿＿＿＿＿＿＿ 、
＿＿＿＿＿＿＿ 和 ＿＿＿＿＿＿＿ 。

2.2　在下表中填写招揽的种类及内容。

招揽的种类	招揽内容

2.3　请在下图空白流程环节中写出正确的维修接待流程环节。

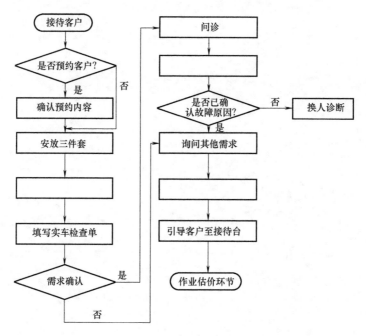

2.4　请在下表中写出作业估价环节客户的期望、关键词及其工作要点。

客户期望	
关键词及其工作要点	

2.5　请在下表中写出作业管理环节客户的期望、关键词及其工作要点。

客户期望	
关键词及其工作要点	

2.6　请在下表中填写三级检验的名称及内容。

三级检验名称	内容

2.7　请在下表中写出交车环节客户的期望、关键词及其工作要点。

客户期望	
关键词及其工作要点	

2.8 完善下表中交车环节各程序的担当、操作步骤及相应的工具物料。

程序	担当	操作步骤	工具物料
交车前检查			
服务项目展示			
付款			
送行			

2.9 请在下表中写出跟踪回访环节客户的期望、关键词及其工作要点。

客户期望	
关键词及其工作要点	

2.10 班级交流：以小组为单位，扮演汽车维修服务的预约、招揽，维修接待、作业估价、作业管理、质量检查、交车、跟踪回访和客户意见处理环节中的角色。之后进行评价打分，填写下面评分表。

序号	项目	分值	得分
1	预约、招揽	10	
2	维修接待	20	
3	作业估价	10	
4	作业管理	15	
5	质量检查	15	
6	交车	10	
7	跟踪回访	10	
8	客户意见处理	10	
合 计		100	

任务3 汽车维修服务沟通

3.1 完成下列填空。

（1）沟通是为了一个设定的目标，把_____、_____和_____在个人或群体间传递，并且达成一致的过程。

（2）沟通的三大要素是_____、_____和_____。

（3）沟通的两种方法是_____和_____。

（4）沟通的三种行为包括_____、_____和_____。

（5）沟通的五种态度分别是_____态度、_____态度、_____态度、_____态度和_____态度。

（6）沟通的人为障碍有_____、_____、_____、_____、和_____。

（7）有效信息的发送技巧主要指_____、_____、_____、_____和_____。

（8）聆听的五个层次是指_____、_____、_____、_____和_____。

（9）有效沟通的基本步骤是_____、_____、达成一致和_____。

（10）办公室"四要"和"四不要"分别是：要_____、要_____、要_____、要_____；不要_____、不要_____、不要_____和不要_____。

（11）使用"5W2H"正确传达命令，"5W2H"包含：_____、_____、_____、_____、_____、_____和_____。

3.2 请完善下表中不同人际风格的沟通技巧。

人际风格的类型	人际风格的特点	沟通技巧
分析型		
支配型		
表达型		
和蔼型		

3.3　小张接到外单位一位领导给他上司的电话，应该如何应答，请完善下列接听电话的程序和应注意的事项。

（1）接听电话的程序：

1）听到铃声响_____次后拿起听筒。

2）自报公司名称及_____名称。

3）确认对方_____及_____。

4）寒暄问候。

5）商谈有关_____、确认注意事项。

6）礼貌地道别，轻轻地放好_____。

（2）接听电话的注意事项：

1）电话机旁应备_____和_____。

2）态度友好。

3）注意_____和_____。

4）少用_____语和_____语。

5）养成_____的习惯。

6）当听不清对方的话语时，可以说："_____，刚才没有听清楚，请再说一遍好吗？"

3.4　完成下列与同事相处的学问与艺术的相关问题。

（1）处理好自己的嫉妒心理：要以第_____方的心态去分析别人成功背后的因素，借此提升自己，努力去超过对方。

（2）同事间的办事策略：办不好的事还是_____；不该办的事绝对_____。

（3）用恰当的赞美创造友好的气氛：不同的对象、不同的关系、不同的场合，应该选择_____题材。赞美可采取直接、间接、_____、_____等赞美方法。

（4）如何给同事好印象：保持良好的_____和身心健康；穿着打扮_____，适合场合；态度诚恳从容、_____；熟悉_____、进退有节、安分守节；谈话_____、技巧、语调、_____得体；此外还需要自然流露_____与_____。

（5）与人交谈的礼貌：身体面对对方，不_____，也不_____；眼睛应温和地_____对方双眼；语气_____、_____，不能只顾自己表达，不任意插嘴，双手切忌交叠胸前，或者玩或敲击任何东西。

3.5　完成下列与各种性格的上司打交道的技巧表格。

上司类型	性格特征	沟通技巧
控制型上司	充满竞争心态 态度强硬 要求下属立即服从、执行 求胜目标明确，实际、果断 抓重点，对琐事不感兴趣	

（续）

上司类型	性格特征	沟通技巧
互动型上司	善于交际,喜欢与他人互动交流 喜欢享受他人对他的赞美 凡事喜欢参与	
实事求是型上司	讲究逻辑,不喜欢感情用事 为人处世有一套标准 凡事需有依据 理性思考但缺乏想象力	

3.6 上司告诉下属："张小姐,请你将这份调查报告复印 2 份,于下班前送到总经理室交给总经理。请留意复印的质量,总经理要带给客户参考。"请根据 5W2H 正确将以上事情进行划分,并填入表格。

5W2H	具体内容
时间(When)	
地点(Where)	
执行者(Who)	
达成目的(Why)	
需做什么工作(What)	
怎么样去做(How)	
多少工作量(How Many)	

3.7 完善下列向上司请示与汇报的程序。

（1）仔细聆听上司的_____。

（2）与上司探讨目标的_____。

（3）拟订详细的_____。

（4）在工作进行之中及时向上司_____。

（5）在工作完成后及时_____。

3.8 如果您是上司,请完成如下与下属进行沟通的技巧填空。

（1）关心下属:通过主动_____、_____、了解需求及困难来关心下属。

（2）支持下属:通过给予_____、_____,以及给予精神、物质支持来帮助下属开展工作。

（3）指导下属:通过引导、反馈、_____、在职_____、_____来指导下属工作。

（4）理解下属:通过不定期与下属_____、倾听下属心声来理解下属。

（5）指令明确:指令要清楚,不_____领导,健全_____渠道。

（6）对下属的工作及时反馈:定期给下属工作上的反馈。

3.9 请完成下列批评下属的方法与注意的问题。

（1）以真诚的_____做开头。

（2）要尊重_____事实，就事论事，对事不对_____。

（3）批评时不要伤害下属的_____与_____。

（4）_____地结束批评。

（5）选择适当的_____。

3.10 以小组为单位，就维修服务过程中，设计一个在有同事、上司与下属场景下的有效沟通，在全班交流。

任务4　汽车维修接待礼仪

4.1　完成下列填空。

（1）礼仪是指一种＿＿＿＿＿＿规范，汽车维修接待礼仪是＿＿＿＿＿＿＿＿的礼仪。

（2）对一个人来说，礼仪是＿＿＿＿＿＿＿＿＿＿＿＿＿＿＿＿＿＿表现；对社会来说，礼仪是＿＿＿＿＿＿＿＿＿＿＿＿＿＿＿＿的反映。

（3）仪容是指人的＿＿＿＿＿＿，总的要求是＿＿＿＿＿＿＿＿＿＿。

（4）仪表指的是人的＿＿＿＿＿＿，着重指＿＿＿＿＿方面。总的要求是＿＿＿＿＿＿。

（5）仪态是指人的＿＿＿＿＿＿，着重在＿＿＿＿＿方面。总体要求是＿＿＿＿＿。

（6）商务礼仪是指在＿＿＿＿＿活动中的礼仪，也称为商务活动中的行为准则。

4.2　完善下表中汽车维修接待中仪容、仪表与仪态的各项具体要求。

项目	具体要求
头发	1）头发＿＿＿＿＿，长短适中，发型＿＿＿＿＿，美化自然 2）男性员工＿＿＿＿＿发 3）女性员工发型及发色＿＿＿＿＿、＿＿＿＿＿，梳理整齐，留长发的员工应用发夹或丝带固定头发
面容	1）要求面部＿＿＿＿＿、端庄 2）口腔卫生，＿＿＿＿＿清新 3）男性员工胡子＿＿＿＿＿，定期修剪＿＿＿＿＿毛 4）女性员工可以化＿＿＿＿＿妆
手臂	1）保持清洁、干燥，勤＿＿＿＿＿ 2）勤剪＿＿＿＿＿，以不超过手指＿＿＿＿＿为宜 3）手臂上汗毛过浓或过长，应采用适当的方法进行＿＿＿＿＿
腿部	1）脚部干净无＿＿＿＿＿味 2）勤＿＿＿＿＿、换袜，勤剪趾甲和＿＿＿＿＿鞋
服装	1）穿着标准工作服，保持＿＿＿＿＿，领口、袖口无＿＿＿＿＿；系好所有＿＿＿＿＿ 2）西服/套裙应熨烫平整，保持＿＿＿＿＿，与衬衫搭配协调；领带/领花要紧贴＿＿＿＿＿领口中央 3）男士正装遵循＿＿＿＿＿色原则（全身的色系不多于＿＿＿＿＿种）；三一定律（＿＿＿＿＿、＿＿＿＿＿、＿＿＿＿＿颜色一致）
鞋袜	1）车间及仓库工作人员统一穿＿＿＿＿＿鞋，其他人员统一穿＿＿＿＿＿鞋 2）鞋带要＿＿＿＿＿，鞋面保持洁净亮泽 3）男性员工穿＿＿＿＿＿色或＿＿＿＿＿色袜子；女性员工穿裙装制服时应配肤色＿＿＿＿＿袜 4）穿皮鞋的女性员工，鞋跟在＿＿＿＿＿cm以内为宜
工作牌	1）统一佩戴工作牌 2）端正地佩戴在最外层的工作服＿＿＿＿＿侧胸前

（续）

项目	具体要求
面部表情	1)神情_____，面带_____ 2)与客户谈话的时候，眼睛应看对方_____、眉宇间或嘴巴的"_____区"
手势	1)手势幅度适度，自然亲切，多采用_____ 2)在给客户指引方向时，要把手臂_____，手指自然_____，手掌_____，以_____为轴，指向目标
站姿	1)男士标准站姿：双眼_____，下颌_____，颈部_____；双肩自然放松_____、收腹挺胸；双臂自然_____，处于身体两侧，或者右手轻握左手腕部，左手握拳放在小腹前或身后；脚跟_____，脚呈"_____"字形分开，两脚脚尖的间距约_____；或者双脚平行与肩同宽 2)女士标准站姿：头部抬起朝向正前方，双眼_____，下颌_____，颈部_____；双肩自然放松端平且收腹挺胸；双臂自然_____，处于身体两侧；或者将双手叠放于小腹前，右手叠加在左手上；双腿_____，两脚呈"_____"字形或脚呈"_____"字形分开，或者平行站立
坐姿	1)头部挺直，双目平视，下颌内收；身体端正，两肩放松；挺胸收腹，上身微微前倾；采用_____姿势：坐椅面2/3左右；手自然放在_____上或椅子扶手上 2)男士双腿并拢或分开，间距不宜超过_____；女士双腿靠紧并_____于地面或_____
走姿	1)上身保持站立的标准姿势，_____，_____ 2)两臂以身体为中心，前后自然摆动。前摆约_____，后摆约_____，手掌朝向体内 3)起步时身子稍向前倾，中心落在_____脚掌，膝盖伸直 4)脚尖向正前方伸出，行走时双脚踩在_____条线缘上
蹲姿	1)一脚在_____，一脚在_____ 2)两腿向下蹲，前脚全着地 3)小腿基本_____于地面，脚后跟_____ 4)脚掌_____，臀部_____

4.3 填写以下礼貌用语

宾客来临说_____，送客出门说_____，与客道别说_____，中途离开说_____，征求意见说_____，求人原谅说_____，求人帮忙说_____，麻烦别人说_____，向人祝贺说_____，求人解答用_____，请人指点用_____，托人办事用_____。

4.4 完成以下填空。

1. 表情_____，双手叉腰，身体_____，夸夸其谈，轻易打断别人的谈话。

2. 漫不经心，_____，似听非听，摆弄手中或身边的_____。

3. 不当使用_____、_____吐痰、随手扔_____、当众嚼_____、当众_____或_____、_____、_____。不注意场合，喜庆时谈论疾病，_____，致哀场合高谈阔论，_____。

4.5 完善下表中汽车维修接待过程中的迎送、介绍、握手、交换名片、入座礼仪的具体要求。

项目	具体要求
客人迎送礼仪	接客： 1）起立，放下手中正进行的工作，主动向客户行_____礼，并问候："_____！" 2）鞠躬问候客户时，男士双手自然垂放在裤线上或放在腹前，女士双手叠放在腹前，以腰为轴向前俯身_____。要保持温暖的_____，头稍抬起，下颌微收，肩膀放松、放平，头、腰、背部自然挺起，保持一条直线 3）在走廊或楼梯上遇见客户，_____行走，微笑问候客户，并让客户先_____ 送客： 1）送行人员应提前到达_____地点。与客户_____手，以惜别留恋的感情向客户表示良好的祝愿 2）在公司接待，应该送出公司_____，要_____送客户上车或离开后才返回
介绍的礼仪	1）自我介绍时的态度要自然、友善、_____、_____、镇定自信、彬彬有礼，语速要_____，语音要_____ 2）介绍三要素包括_____、_____及_____、_____和所从事的_____ 3）注意应按一定顺序进行介绍，一般是先将_____人介绍给_____户，把年_____的介绍给年_____的，把男士介绍给女士，把_____阶介绍给_____阶 4）被第三者介绍给对方时，要说"_____""久仰"或"见到您非常高兴"，表示友善，创造良好的气氛
握手礼仪	1）握手时保持手部_____、干燥，掌心_____，表情应自然，面带_____，眼睛_____对方 2）握手力度根据双方交往程度确定；和老客户可稍握_____些，表明对再次见面的热情 3）握手时间一般为_____s，轻轻摇动_____下 4）握手的顺序和出手顺序遵循"_____"原则，即上级、长者、女士优先；先到者向晚到者伸手；告别时由客户先伸手，表示感谢，并请主人留步
交换名片礼仪	1）存放名片应使用名片夹，名片夹适宜放在上衣的_____内 2）用双手的_____指和_____握住名片，递名片时_____要面向接受名片的人，并轻微鞠躬点头致意，并说："我是××，很高兴为您服务！" 3）接受名片时必须_____表示感谢："很高兴认识您！" 4）接过名片后，对名片上的内容_____，以示尊重；如遇生僻字，应马上询问对方 5）收到名片后应妥善保管，但不宜_____ 6）递名片的次序是由_____或_____方先递名片，如介绍时，应由先被介绍方递名片。通常刚见面的时候就要递出名片，之后再做介绍。与多人交换名片时，由_____而_____，由_____而_____
入座礼仪	1）客户未入座前，服务顾问需_____，应礼貌地请客户就座（正确手势为手掌向上），为客户扶住_____；自己坐下的_____和_____要适中，不要太快或太慢、太重或太轻，离座谨慎 2）入座遵循_____优先、_____优先的原则，待客户坐下后方可入座 3）座次原则是_____方为上、_____座为上、_____中为上、离门远为_____和景观好的位子为上

（续）

项目	具体要求
交谈礼仪	1）语言_____，尽量使用客户易于理解的词汇，_____和_____适当 2）与客户保持_____接触，面带_____，点头示意，热情大方 3）多采用_____性的说话语气 4）不要一边谈话一边_____
电话礼仪	1）拨打电话时_____端正，声音_____，内容讲清楚，强调_____ 2）接听电话时在铃响_____次内拿起电话（彩铃_____s内接听），礼貌寒暄，主动报_____名称和自己的姓名 3）结束时向对方表明诚意或道谢，等待_____挂电话后再挂 4）要认真倾听对方电话，内容要_____，中途不要_____对方说话

4.6　每2人一组，在全班交流汽车维修接待礼仪（含出迎、指引客户停车、问候、确认客户需求、问诊、实车检查、引导客户至前台就座、核对客户信息、更新车辆信息、项目及估算费用说明、制作单据、引导客户进入休息区、介绍客户休息区等），之后进行评价打分，填写下面评分表。

序号	项目	分值	得分
1	仪容	10	
2	仪表	10	
3	仪态	10	
4	言谈礼仪	10	
5	迎客礼仪	10	
6	自我介绍礼仪	10	
7	引导礼仪	10	
8	交换名片礼仪	10	
9	握手礼仪	10	
10	入座礼仪	10	
	合　计	100	

任务5 汽车维修服务管理

5.1 完成下列填空。

（1）《家用汽车产品修理、更换、退货责任规定》于＿＿＿＿＿＿＿＿＿＿＿＿＿起实施。

（2）《中华人民共和国消费者权益保护法》第2次修正版于＿＿＿＿＿＿＿＿＿＿起实施。

（3）高效团队的基本要素：＿＿＿＿＿＿＿＿＿、＿＿＿＿＿＿＿＿＿、＿＿＿＿＿＿＿＿＿、＿＿＿＿＿＿＿＿＿和＿＿＿＿＿＿＿＿＿。

（4）根据马斯洛需求层次理论，人的需求可分为＿＿＿＿＿＿、＿＿＿＿＿＿、＿＿＿＿＿＿、＿＿＿＿＿＿和＿＿＿＿＿＿五个层次。

（5）鉴于人需求的五个层次，提高员工满意度，可以从以下几点出发：＿＿＿＿＿、＿＿＿＿＿、＿＿＿＿＿、＿＿＿＿＿和＿＿＿＿＿。

（6）5S 管理制度包括：＿＿＿＿＿＿＿、＿＿＿＿＿＿＿、＿＿＿＿＿＿＿、＿＿＿＿＿＿＿和＿＿＿＿＿＿＿。

（7）零部件管理主要围绕＿＿＿＿＿＿、＿＿＿＿＿＿、＿＿＿＿＿＿三个主要内容来进行。

5.2 维修车间管理团队的学生，将制定出来的人员、车辆、设备、工具、维修质量等管理规章制度在全班交流，并接受师生的提问与评价。

5.3 维修零部件管理团队的学生，将制定出来的人员、零部件管理等规章制度在全班交流，并接受师生的提问与评价。

5.4 安全管理团队的学生，将制定出来的维修车间各岗位人员和各种设备的安全管理等规章制度在全班交流，并接受师生的提问与评价。

5.5 下面是汽车维修车间的管理实践，每个学生任选一题进行调研，并在全班进行交流。

（1）调研所在企业汽车维修车间的工具管理制度，并提出看法和建议。

（2）调研所在企业汽车维修车间的设备管理制度，并提出看法和建议。

（3）调研所在企业汽车维修车间的车辆管理制度，并提出看法和建议。

（4）调研所在企业汽车维修车间 5S 管理执行的情况，并提出看法和建议。

（5）调研所在企业汽车维修质量监控制度，并提出看法和建议。